DÉLÉGATIONS OUVRIÈRES

A l'Exposition universelle de Londres en 1862

RAPPORTS

DES DÉLÉGUÉS

FACTEURS DE PIANOS

DES DÉLÉGUÉS

FACTEURS D'ORGUES-HARMONIUMS

ET DES DÉLÉGUÉS

FACTEURS D'INSTRUMENTS EN CUIVRE ET EN BOIS

PUBLIÉS PAR LA COMMISSION OUVRIÈRE

Paris, 50 centimes. — Départements, 60 centimes

PARIS

Chez M. CHABAUD, président de la Commission ouvrière,
rue Dauphine, 34,

Chez les autres Membres de la Commission et chez les délégués

1863

NOTE DE LA COMMISSION OUVRIÈRE.

A l'appel fait par la Commission aux ouvriers de Paris, les ouvriers facteurs d'orgues et facteurs de pianos, les ouvriers facteurs d'instruments en cuivre et en bois, se rendirent auprès d'elle pour connaître la marche à suivre, afin de faire profiter leur corporation du bénéfice qui venait d'être accordé à toutes les professions, d'envoyer à Londres des délégués nommés par le suffrage universel, pour y étudier les produits exposés.

Sur l'avis de la Commission, ceux qui avaient pris l'initiative constituèrent dans leur corporation respective un bureau électoral qui fut composé, pour les *facteurs d'orgues et pianos*, de MM. Vidal, président; Filleron, vice-président; Toussaint jeune, secrétaire; Dupont, secrétaire adjoint; Lapre, Gergonne, Vigé, Burau, Siegrist, Artault, Flacelière, Rotthier et Vivier, assesseurs; pour les *facteurs d'instruments en cuivre et en bois*, de MM. A. Feuillet, président; Canard, vice-président; Lefort, secrétaire; Truffaut, secrétaire adjoint; Hordé, trésorier. L'ordre avec lequel les deux bureaux ont fait procéder aux élections a montré une fois de plus que les ouvriers se dirigeant eux-mêmes, ne subissant aucune pression, savaient toujours se rendre dignes de la liberté. C'est là un précédent qui, nous l'espérons, aura des suites heureuses pour les travailleurs. Pour notre part, nous remercions tous ceux qui ont prêté leur concours à une œuvre qui doit féconder l'avenir.

La souscription organisée par le bureau électoral des facteurs d'orgues et pianos a produit.......................... 508 fr. 25 c.

Dépenses pour l'impression des circulaires, etc..... 22 fr. 05 c.

Reçu par la Commission ouvrière....... 486 fr. 20 c.

La souscription organisée par le bureau électoral des facteurs d'instruments en cuivre et en bois a produit .... 117 fr. 25 c.

Dépenses pour l'impression des circulaires, etc..... 22 fr.

Reçu par la Commission ouvrière...... 95 fr. 25 c.

Les membres de la Commission ouvrière :

CHABAUD, président, rue Dauphine, 34;
WANSCHOOTEN, vice-président, rue Doudeauville, 35;
GRANDPIERRE, secrétaire, rue de la Chopinette, 36;
DARGENT, rue Montmorency, 5.

RAPPORT

DES DÉLÉGUÉS

FACTEURS DE PIANOS

A LA COMMISSION OUVRIERE DE PARIS

MESSIEURS,

Ayant rempli la mission que nos camarades nous ont fait l'honneur de nous confier en nous envoyant à l'Exposition de Londres, nous venons vous rendre compte du résultat de nos observations.

Bien que les facteurs de pianos et d'orgues ne forment qu'une même corporation, il n'en existe pas moins deux industries distinctes. Il était donc juste, de la part des deux délégations, de ne pas s'entraver mutuellement et de laisser chacun fonctionner librement dans les limites de sa spécialité ; c'est pourquoi nous avons cru devoir faire nos rapports séparément.

L'accueil bienveillant que nous ont fait à Londres les facteurs de pianos, patrons et ouvriers, restera toujours dans nos souvenirs, et nous en témoignerons notre gratitude toutes les fois que se présentera l'occasion de le faire. Il n'est pas possible de mettre plus de complaisance et de bon vouloir qu'ils n'en ont mis pour nous faire visiter, soit leurs ateliers, soit leurs instruments, et nous donner tous les renseignements que nous leur demandions.

Nous sommes heureux de pouvoir rendre ce témoignage en faveur de nos confrères anglais, et nous prions la Commission de croire ce rapport dépouillé de tout esprit de nationalité.

Depuis l'Exposition de 1855, à Paris, nous estimons qu'il n'a pas été fait de grands progrès dans la facture de pianos, tout en reconnaissant qu'il a surgi chez quelques facteurs de notables améliorations.

Parmi les pianos qui ont figuré à cette Exposition, les produits français tenaient encore le premier rang. Nous ne craignons pas d'affirmer qu'ils étaient préférables sous tous les rapports : élégance, mécanisme, égalité et sonorité. Ce qui prouve cette supériorité, c'est le soin qu'ont pris des facteurs d'autres nations pour les imiter, principalement dans le mécanisme.

Parmi ces imitateurs, nous citerons plus particulièrement la Belgique. Elle a exposé un piano à queue dont le mécanisme et l'instrument sont la reproduction exacte de ceux d'Erard ; quelques pianos obliques et verticaux, genre Pleyel, avec mécaniques anglaises ; puis la Prusse, le Wurtemberg et le Zollverein, avec des pianos à queue genre Erard, des pianos droits et carrés. Ces différents instruments avaient d'assez beaux sons. La Suède et la Norvége avaient des pianos carrés à deux cordes dont les sons étaient excellents, mais très-inégaux, et trois pianos droits et obliques qui laissaient trop à désirer et que nous ne mentionnons que comme mémoire.

L'Autriche se distinguait par l'exhibition de pianos à queue et de pianos droits d'un fort beau travail, mais les sons en étaient irréguliers et le toucher moins qu'agréable. Nous avons rencontré, dans les instruments de cette nation, des mécaniques et des garnitures de marteaux fabriquées à Paris. C'est qu'il existe ici différentes spécialités, comme fabrique de mécaniques, claviers et garnisseurs de marteaux, qui expédient continuellement de leurs produits chez toutes les nations.

Ainsi l'Allemagne, naguère notre *imitatrice* dans l'art du facteur de pianos, vient aujourd'hui se pourvoir chez nous de diverses pièces qui lui sont nécessaires et se perfectionner à notre école.

Le Danemark était dignement représenté par la maison Hornung et Moller, de Copenhague. Ces facteurs distingués ont exposé, entre autres, un excellent piano à queue dont la construction (nous voulons dire le sommier d'agrafes et celui de chevilles), ainsi que les barres, sont en fonte de fer ; le mécanisme à double échappement fonctionne parfaitement, la qualité des sons est excellente, le toucher très-doux et l'égalisation parfaite. Cet instrument avait déjà figuré honorablement à notre grande Exposition de 1855, et y avait obtenu au concours la médaille d'argent.

Beaucoup de pianos appartenant à des facteurs de diverses nations ont échappé à notre appréciation ; et nous n'avons pu les examiner que superficiellement, soit que les préposés fussent absents, soit qu'ils refusassent toute exhibition ; parmi ces derniers nous citerons les Américains, que nous aurions désiré mieux connaître. Nous avons pu, toutefois, toucher un piano carré à trois cordes parfaitement fabriqué : la construction intérieure est aussi en fer fondu d'une seule pièce. Les sommiers et les barres faisant opposition aux cordes, la division des cordes est très-redressée dans le dessus, ce qui rend plus facile le passage des marteaux et des étouffoirs. Deux octaves et demi de cordes filées viennent se croiser sur celles d'acier. Le passage est sensible à l'oreille, mais il l'est beaucoup moins qu'à un autre piano du même pays et du même système, que nous avions précédemment touché et que nous ne mentionnons pas dans ce rapport. Nous citerons aussi un piano à queue dont l'ébénisterie ne laissait rien à désirer, et un piano droit d'une forme assez originale, tenant un peu du genre Louis XVI, c'est-à-dire à quatre colonnes dans le devant, dont la base et le chapiteau sont en bronze. Nous l'avons entendu toucher et les sons nous ont paru médiocres.

Parmi toutes ces nations, nous devons considérer les Anglais comme nos concurrents les plus sérieux. Nous avons trouvé chez MM. Broadwood d'excellents pianos à queue, sons et toucher très-agréables, construction solide, ébénisterie élégante, intérieur bien conditionné; chez M. Hartisson, un bon piano droit d'une forme peut-être un peu élevée.

Nous devons citer encore MM. Hopkinson et MM. Collard et Collard. Toutes ces maisons ont des pianos de qualité supérieure, avec mécaniques à double échappement. Nous avons pu constater que leurs pianos droits sont relativement inférieurs à leurs pianos à queue. Quant à leur fabrication, elle est on ne peut mieux conditionnée.

En essayant de vous démontrer combien nous devons craindre cette concurrence, il nous faut aborder les salaires.

Dans le cours des visites que nous avons faites dans différents ateliers de Londres, nous avons pu observer que, généralement les ouvriers étaient moins bien outillés que nous : ils ne possèdent pas comme nous de ces outils qui abrégent le travail, qui lui donnent le fini et la perfection qui sont les œuvres des ouvriers français, lesquels en inventent ou perfectionnent chaque jour de nouveaux. Chez les Anglais, le travail est plus divisé que chez nous, et le même nombre d'ouvriers produit moins, tandis qu'avec ce système il devrait produire davantage. Nous avons pensé que cela provenait de l'outillage et du laps de temps consacré au travail; la journée de travail chez les Anglais est d'une et deux heures moins longue que chez nous.

Quant au salaire, un ouvrier très-ordinaire gagne cinq schellings par jour; ici, il gagne quatre francs. Les ouvriers supérieurs anglais atteignent dix schellings, et en France, six et sept francs. Aujourd'hui, la vie est aussi chère à Paris qu'à Londres, et cependant il y a chez les ouvriers anglais une augmentation remarquable de salaire avec une diminution dans la durée du travail. Nous ajouterons que les prix des matières premières sont à peu près les mêmes qu'en France.

Nous venons de dire que la plus grande partie de ces outils qui abrégent et perfectionnent le travail en France sont l'œuvre des ouvriers. Il est bon de remarquer aussi que chaque fois que l'un d'eux a mis à jour une de ces inventions, il n'a pas l'avantage d'en tirer le profit qu'il pouvait en espérer ; car, dès que le patron s'aperçoit que son travail produit à l'ouvrier une journée plus forte que d'ordinaire, il réduit le prix de main-d'œuvre de façon que l'invention tourne à son propre profit.

Il faut reconnaître, cependant, que quelquefois c'est au profit du consommateur que se fait la réduction, puisque le patron diminue le prix de vente pour faire concurrence à son confrère, lequel diminue à son tour dans la même proportion. Ce qu'il y a de déplorable, c'est que les ouvriers sont obligés d'accepter ces diminutions, car la découverte de l'ouvrier inventeur n'étant plus un secret, tous peuvent faire comme lui, et tous subissent la réduction ; en sorte que l'inventeur, pour prix de son invention, est obligé de produire davantage pour la même somme. Les ouvriers anglais n'ont pas à craindre ces sortes de réductions, puisqu'il n'existe pas chez eux de pénalité contre les ouvriers qui refusent de travailler pour le prix qu'un patron veut lui imposer. Aussi ne voit-on pas chez nos voisins se produire à chaque instant ces abaissements de salaire qui jettent le malaise dans beaucoup de familles d'ouvriers facteurs.

Avec ce système de concurrence à tout prix, il arrivera un moment où nous serons dépassés par les Anglais sur les marchés étrangers ; l'ouvrier français, poussé par le besoin, sera obligé de négliger la perfection de son travail pour tâcher d'arriver à un chiffre qui, d'après les prix des choses indispensables à la vie, lui permette de subvenir aux nécessités de sa famille ; et les défectuosités des instruments fabriqués dans ces conditions ne tarderont pas à faire préférer ceux d'Angleterre, qui, malgré leurs prix plus élevés, seront plus recommandables par leurs qualités.

Déjà il existe malheureusement en France des fabricants qui livrent à l'exportation des pianos établis dans de si mauvaises conditions qu'il nous paraît inévitable qu'avant peu de temps les pianos anglais soient préférés aux pianos français. Depuis le traité de commerce avec l'Angleterre, notre exportation s'accroît chaque jour ; mais en sera-t-il toujours ainsi ? Il serait à souhaiter qu'on trouvât un moyen qui prévienne la décadence probable de l'industrie et qui assure à l'ouvrier français un salaire proportionné à son intelligence, et qui le mette à même de subvenir honorablement aux besoins de sa famille.

Il nous faut aussi signaler une plaie qui affecte en France tout à la fois patrons, ouvriers et consommateurs, et que les Anglais ont le bonheur de ne pas éprouver : nous voulons parler des *remises*. Il y en a de deux sortes : remise *bourgeoise* ou *d'artiste*, et remise *marchande*.

Quand une famille a besoin d'un piano, elle ne veut pas toujours se fier à la loyauté du facteur ; elle fait intervenir un artiste, qui presque toujours est son professeur et qui lui fait croire qu'elle n'aura un bon piano que s'il est choisi par lui. Souvent cet artiste est très-distingué dans son art, mais toujours très-ignorant en facture ; pour lui, le meilleur piano, et aussi le meilleur facteur, est celui qui lui donnera la plus forte remise, il y a des artistes qui exigent de deux à trois cents francs. Il leur importe peu que l'instrument soit plus ou moins bien fabriqué ; ce qu'ils veulent avant tout, c'est la *remise :* plus elle est forte, meilleure est le piano.

Nous nous sommes demandé pourquoi cet abus n'existait pas en Angleterre. Peut-être les facteurs anglais auront-ils refusé d'acquiescer à ces exigences déloyales, ou peut-être encore répugne-t-il à la dignité des artistes de ce pays de tromper la confiance que leur accordent leurs élèves.

Pourquoi les facteurs français ne feraient-ils pas de même ? Ne peuvent-ils pas prendre entre eux l'engagement de supprimer cette remise ? S'ils le faisaient, ils pourraient vendre leurs produits plus avantageusement pour eux, pour les ouvriers et pour le consommateur ; car si, sur un piano de mille francs, le facteur est obligé de remettre au professeur deux cents francs, cette remise, supprimée et partagée entre le patron, les ouvriers et l'acquéreur, produirait aux uns un accroissement de bénéfice, et à l'autre une diminution dans son prix d'achat.

Il est bien entendu que les réflexions que nous venons de faire ne peuvent s'appliquer qu'à une certaine catégorie de personnes, et qu'elles ne sauraient atteindre la dignité des artistes qui savent respecter leur profession.

L'autre remise, que nous nommons *marchande*, est celle que l'on fait aux marchands de pianos. D'habitude, les grandes maisons ont des prix courants établis pour les différents formats de leurs instruments: prix qu'elles ne baissent pas, afin de laisser aux marchands avec lesquels elles sont en relations un bénéfice raisonnable, et pour ne pas entraver leurs transactions. Qu'arrive-t-il ? C'est que ce sont quelquefois ces intermédiaires qui font concurrence aux producteurs, voici comment : ordinairement, on leur vend avec une remise de vingt pour cent, et quelquefois plus, sur les prix courants établis par la maison ; ainsi, un piano coté chez le facteur mille francs est vendu au marchand huit cents francs ; qu'un acquéreur vienne pour le lui acheter, il voudra le lui vendre neuf cents, et s'il vient à Paris, chez le facteur, croyant avoir meilleur marché, il est tout surpris qu'on veuille le lui vendre cent franc plus cher ; il retourne donc chez l'intermédiaire, qui le lui vend à un prix moins élevé ; ce qui, on le voit, constitue toujours un préjudice pour le producteur.

Si les patrons voulaient s'entendre et établir des prix conventionnels et proportionnels, prix desquels ils ne se départiraient pas, en laissant toutefois aux marchands un bénéfice raisonnable, qui ne leur permettrait pas de faire concurrence aux producteurs, l'ouvrier pourrait en profiter proportionnellement.

Nous ne nous dissimulons pas toutes les difficultés qu'on rencontrerait pour arriver à ce résultat ; nous avons cru qu'il était bon de signaler des abus qui sont tous préjudiciables aux travailleurs ; nous faisons des vœux pour qu'ils disparaissent un jour et que la suppression des réductions indéfinies et des remises injustifiables mette fin à cette concurrence effrénée et le plus souvent déloyale, qui ne se fait ici qu'au préjudice du travailleur et de la bonne réputation de la facture française.

Pour terminer, nous voulons faire un appel aux métallurgistes français, et leur dire combien nous déplorons d'être encore aujourd'hui tributaires des nations étrangères en ce qui concerne la fabrication des cordes : la tréfilerie est-elle donc aussi en retard en France ?

Quand nous voyons nos voisins fabriquer et exporter des cordes de pianos pour des sommes considérables, pourquoi ne verrions-nous pas chez nous des industriels établir des manufactures à l'instar des Anglais ? Il en existe non-seulement en Angleterre, mais encore en Allemagne et en Amérique, et la France n'en possède pas ! Que serait-ce donc si nos relations étaient rompues avec ces nations ?

Espérons que cet appel sera entendu par des tréfileurs français ; nous faisons des vœux pour leur réussite et leur promettons notre faible appui.

Les délégués facteurs de pianos:

L. DÉPRAT, rue Caplat, n° 1, à la Chapelle-Saint-Denis ;

ROUSIL, rue Neuve-Saint-Méry, n° 39, à Paris ;

BONY (Charles), rue Basfoi, n° 25, faubourg Saint-Antoine.

RAPPORT

DES DÉLÉGUÉS

FACTEURS D'ORGUES-HARMONIUMS

A LA COMMISSION OUVRIÈRE DE PARIS

MESSIEURS,

Pour terminer la mission que nos camarades nous ont fait l'honneur de nous confier, nous venons vous rendre compte du résultat de nos observations.

Le peu de temps qui nous a été accordé pour notre examen et les difficultés que nous avons souvent rencontrées de la part de divers exposants nous ont mis quelquefois dans l'embarras pour juger le mérite de leurs produits; mais cependant nous sommes heureux de pouvoir affirmer que nos instruments sont en tout point supérieurs à ceux des autres nations, et que la fabrication étrangère n'est pas comparable à la nôtre. C'est que, aussi, l'harmonium est un instrument essentiellement français; et à cette exposition nous n'avons rencontré chez les facteurs étrangers que des copistes et non des innovateurs.

En disant que l'harmonium est un instrument français, nous avons besoin de jeter un regard rétrospectif sur sa fabrication. Peut-être serons-nous accusés d'immodestie, étant ainsi amenés à parler de nous et d'un facteur pour lequel nous travaillons en ce moment; nous n'entendons pas déclarer celui-ci le premier entre tous, mais cependant nous voulons donner à chacun selon ses œuvres.

Il y a peu d'années, l'harmonium était encore dans l'enfance, et, grâce aux améliorations apportées dans sa fabrication par des facteurs français, ces habiles praticiens en ont fait un instrument qui tient sa place avec honneur près de son frère aîné, le piano, et tous deux, au fur et à mesure de leurs développements, ne pourront plus vivre l'un sans l'autre.

L'harmonium a pris naissance en France vers 1812. M. Grenié est un de ceux qui cherchèrent à faire vibrer des hanches libres, mais dans de si petites proportions, que l'instrument ne possédait qu'un jeu de cinq octaves de *ut* en *ut*, lorsque, vers 1835 ou 1836, un ouvrier maintenant chef d'une grande manufacture, et qui depuis longtemps rêvait pour cet instrument un plus ample développement et en étudiait la différence et la capacité des sons, parvint, à force de travail, au moyen d'un sommier à cases séparées les unes des autres, à produire différents jeux et différents timbres. De là date l'existence sérieuse de l'harmonium.

Cet instrument resta encore longtemps dans ces mêmes conditions avant qu'un autre système commençât à se produire. M. Fourneaux père fit des sommiers dits debout, à trous cylindriques ; avec ce système on obtenait des basses magnifiques ; il est encore en usage aujourd'hui chez plusieurs facteurs de Paris. Ce n'était toujours que la différence des sommiers. Bientôt M. Martin (de Provins) adopta sur les sommiers à plats (invention Debain) un échappement qui produisit la percussion : application qui lui fait le plus grand honneur et qui lui valut la décoration de la Légion d'honneur à l'exposition de 1855. Cet homme de talent ne s'arrêta pas là ; il adopta encore le prolongement et sut donner l'expression à la main. Par cette innovation, aussi simple qu'ingénieuse, l'harmonium a été proclamé un instrument de concert

Puis vient M. Mustel, facteur à Paris, qui appliqua l'expression aux genoux ; c'est un des grands progrès que cet habile facteur a apporté dans la fabrication de ces instruments.

Nous allons donner quelques détails sur cet ingénieux mécanisme. Il se compose de deux petits soufflets, dont l'un est relié à une soupape qui est destinée à l'introduction de l'air comprimé ; le deuxième est posé à l'extérieur et est mis en rapport par le moyen d'un levier avec le soufflet qui est placé dans la chambre d'air. Un pilote guidé par une genouillère fait pression sur un ressort adapté au soufflet extérieur, et, poussé avec le genou, donne l'expression ; ce système permet à l'artiste d'avoir les pieds libres, de pouvoir se servir d'un clavier de pédale et de posséder une soufflerie indépendante. Alors cet instrument peut parfaitement remplacer l'orgue de chœur ; M. Debain en a établi un d'après ce système dans l'église Notre-Dame-de-Lorette, à Paris.

Il nous reste à citer l'antiphonel de M. Debain. C'est un petit instrument qui permet, au moyen d'une planchette parsemée de petites pointes, et mise en mouvement par un balancier, d'exécuter dans sa plus grande pureté tout le chant romain et d'accompagner le plain-chant.

Mais le perfectionnement de ces instruments, tout complets qu'ils paraissent être, est toujours le but constant des efforts de plusieurs fabricants habiles qui voudraient pouvoir approcher davantage l'harmonium du grand orgue. Ce but, nous l'espérons, sera atteint avant peu. Nous connaissons plusieurs facteurs français qui y consacrent toutes leurs veilles et ne reculent devant aucun sacrifice.

Nous aurions voulu, dans ce rapport, nous abstenir de parler des instruments français, pour ne voir, au point de vue de l'art, que ceux de fabrique étrangère; mais nous en avons été empêché, par la raison que nous vous disions au commencement de ce rapport, à savoir, que nous n'avons rencontré chez les facteurs étrangers que des imitateurs de nos produits; nous nous trouvons donc, par ce même cas, obligé de parler aussi des exposants français.

VISITES A L'EXPOSITION

Nous citerons en première ligne l'instrument le plus grand et le plus complet qui existe et qui porte le nom de Debain, son auteur. Il est composé de dix jeux d'anches et d'un demi-jeu de flûte avec tuyaux en bois. Rien ne manque à cet instrument, qui est exceptionnel. Comme différence de sons et de timbre, c'est le plus complet assemblage de tout ce que notre art a pu produire jusqu'à ce jour. Il possède, en outre, dans son estrade, un piano à queue qui, joint à l'harmonicorde, la percussion, le prolongement et l'expression aux genoux, fait de cet instrument un véritable chef-d'œuvre. Nous avons aussi du même artiste différents genres, tels que pianos mécaniques, harmonicorde avec prolongement de sons, orgue de salon et orgue de chœur. Tous ces produits sont dans les meilleures conditions de fabrication et de perfection de travail.

Nous devons mentionner M. Mustel pour le fini de ses produits et les applications diverses dont nous avons parlé au commencement de ce rapport, ainsi que M. Rodolphe, de Paris, pour un cinq jeux deux claviers (système Nourneaux). Cet instrument se recommande comme qualité de basse magnifique.

Nous citerons aussi la maison Alexandre père et fils. C'est la plus grande fabrique qui existe en Europe. Ses instruments sont toujours remarquables par la différence des modèles, ainsi que par la médiocrité de leur prix, qui peut mettre l'harmonium à la portée de tout le monde.

M. Beaucout (de Lyon) a exposé un harmonium dont le fini du travail a attiré notre attention ; c'est là ce que l'on peut appeler de la vraie facture française.

Maintenant, nous allons parler, sans esprit de nationalité, des divers instruments présentés par la fabrication étrangère.

Les instruments les plus remarquables sont ceux de la maison Evans (de Londres), mais ils sont encore loin de pouvoir se comparer avec les produits français ; c'est de la fabrication comme on en faisait chez nous il y a dix ans. Nous devons dire aussi que ces instruments sont copiés sur nos modèles, et cependant leur fabrication est médiocre.

Stutgardt a fourni plusieurs instruments, entre autres une copie exacte d'un harmonicorde système Debain. Ces harmoniums manquent de puissance et ne peuvent être mis en comparaison avec les produits français.

Les instruments exposés par l'Espagne, la Russie et l'Italie sont très-faibles et dénotent peu de connaissance dans la fabrication. Toutes ces nations ne sont pas pour nous des concurrents à craindre, quand même elles fabriqueraient à des prix inférieurs aux nôtres.

Nous ne pouvons rien dire des produits des facteurs viennois, n'ayant pas pu les visiter.

Nous n'avons donc, quant à présent, rien à redouter de la concurrence que l'étranger pourrait nous faire ; mais ce qui est inférieur aujourd'hui chez nos voisins peut devenir meilleur demain. Il suffirait pour cela d'un déplacement de quelques ouvriers français, ce qui porterait un grand préjudice à notre industrie. Cela pourrait bien arriver si ces ouvriers venaient à trouver chez l'étranger ce qu'ils cherchent en vain à obtenir dans leur pays, c'est-à-dire augmentation de salaire et diminution d'heures de travail.

Les ouvriers anglais nous paraissent dans de bien meilleures conditions que nous ; ils travaillent moins et gagnent beaucoup plus. La journée, à Londres, est de neuf à dix heures, tandis qu'ici elle est de onze et douze heures. Les ouvriers anglais ont encore du temps à consacrer à l'étude, tandis que les ouvriers français, absents de leurs familles toute la journée, n'ont que juste le temps rigoureusement nécessaire aux repas et au sommeil.

Dans la réception pleine de courtoisie que nous ont faite les ouvriers de la fabrique de M. Brandvood, nous avons eu le plaisir de visiter le bâtiment que cet honorable fabricant a fait construire pour les ouvriers de sa fabrique, qui peuvent venir tous les soirs s'y délasser par la lecture, l'étude du dessin et de la musique. Nous avons vu aussi dans le même local une espèce de petit conservatoire où sont placés par ordre chronologique les différentes inventions et perfections trouvées par des ouvriers de cette fabrique, avec les noms et les dates. M. Brandvood, à côté de tant de soins affectueux pour ses ouvriers, a aussi organisé une caisse de secours mutuels. Ainsi, avec le comfort, la sécurité est assurée aux ouvriers : secours en cas de maladies ou d'infirmité, certitude de ne pas subir de réduction, quand même l'un serait plus habile que l'autre.

L'ouvrier anglais peut sans crainte apporter toute son intelligence là où l'ouvrier français ne travaille presque toujours qu'avec la certitude que ce qu'il fait ne lui sera pas profitable. Chez nous, lorsqu'un ouvrier arrive à perfectionner son travail avec économie de temps, son patron abaisse immédiatement le prix de façon, en sorte qu'il reste à l'ouvrier moins d'émoluments pour le même travail.

Nous souhaitons que les patrons tiennent compte de nos observations à cet égard, et qu'il puisse en résulter pour tous un meilleur avenir.

Tel est le résultat des appréciations que nous avons pu faire en accomplissant notre mandat.

LEMIRE,

53, avenue de Clichy (Batignolles).

ROPRAZ,

23, rue des Vinaigriers.

⁂

1..

FACTEURS D'INSTRUMENTS A VENT (BOIS)

ABRÉGÉ HISTORIQUE

Avant d'entrer en matière, nous allons essayer de donner, en peu de mots, un aperçu sur l'histoire des instruments à vent sans bocaux. Comme ancienneté, la *flûte* a la priorité et compte au moins trois ou quatre mille années d'existence. Son origine paraît être égyptienne, et des monuments historiques de la plus haute antiquité viennent à l'appui de cette assertion. Les savants ont rencontré maintes fois l'image de cet instrument dans les hiéroglyphes de divers fragments antiques, et principalement sur les tombeaux des pharaons. Elle se fabriquait alors, dans ces contrées, avec le *tibia* de certains animaux.

Les poëtes de la Grèce avaient attribué l'invention de la flûte à plusieurs de leurs dieux. Apollon, Pallas, Mercure et Pan avaient, selon eux, eu la première idée de cet instrument, qu'ils avaient ensuite communiqué aux mortels. Selon Pausanias, la flûte serait due à un nommé Ardale, et l'on a tout lieu de croire que si cet Ardale n'en fut pas l'inventeur, il en étendit du moins beaucoup l'emploi, et propagea dans la Grèce l'art de s'en servir pour accompagner la voix humaine. Il existait déjà, de son temps, une grande variété de flûtes, et elles se divisaient en *courbes, longues, courtes, moyennes, simples, doubles, égales, inégales,* etc. Elles s'employaient dans les représentations théâtrales, les festins, les sacrifices, les funérailles, dans les cérémonies de toute espèce. On se servait aussi beaucoup de la flûte pour la musique militaire, et nous la trouvons mentionnée dans l'*Iliade* comme ayant été employée au siège de Troie; les Spartiates surtout affectionnaient la flûte, trouvant la trompette trop stridente et trop aiguë. Les Crétois, les Thébains, les Lydiens, les Arcadiens et quelques autres peuples grecs en faisaient également usage pour guider leurs phalanges dans la bataille.

La flûte grecque était, dans son enfance, fabriquée avec des roseaux, dont les meilleurs, selon Pline, provenaient du lac *Orchoménien*. Ce n'est que par la suite qu'on en fit en os, en ivoire et même en argent. Sa construction primitive était de la plus grande simplicité; les *flûtes doubles* n'avaient probablement dans le principe qu'une seule et commune embouchure, mais, plus tard, on les sépara totalement, et chacune des deux fut jouée d'une seule main. Il existe de nos jours, dans différents musées d'antiquité, plusieurs échantillons des plus anciennes flûtes; elle sont longues de sept à quinze pouces, et, chez quelques-unes, l'embouchure est formée par un tuyau de paille dont l'ouverture trop étroite présente beaucoup de difficultés à l'introduction de l'air. Elles ont, en outre, trois ou quatre trous, et sont garnies, vers leurs extrémités, de plusieurs chevilles dont le but semble être d'amener des changements de ton et de procurer des notes supplémentaires.

D'après les anciens historiens, c'est le musicien grec Alexandride qui, le premier, modifia la flûte en y perçant des trous. Plus tard, Diodore de Béotie continua à la perfectionner, augmenta le nombre des trous et imagina une ouverture latérale pour l'embouchure. Clonas établit des règles et composa des airs spéciaux pour cet instrument. Enfin, Prononius, de Thèbes, réunit sur une seule flûte les effets différents des flûtes dorienne, phrygienne et lydienne. Notons en passant que le *pipeau* ou *flûte de Pan*, instrument composé de petits tuyaux d'inégale grandeur et que tout le monde connaît, est évidemment d'invention grecque, et son origine se perd dans la nuit des temps.

Les Romains, à l'exemple de Sparte et d'Athènes, dont ils se montraient les pâles imitateurs en toutes choses, se servirent aussi de la flûte, mais ne la perfectionnèrent pas. Il y a toute apparence que cet instrument ne fit nul progrès pendant des siècles, ou du moins rien ne constate ces progrès. Nous retrouvons la flûte droite au moyen âge, avec sa forme et ses dimensions presque primitives, et sous les noms de *pipe, sublet, flaros de saus, muse de blé*, etc. Elle a déjà toutefois plusieurs variétés dont les plus connues sont l'*arigot* ou *flûte à six trous*, qui avait un bec et servait quelquefois d'accompagnement au tambour militaire; le *galoubet* provençal, instrument encore en usage de nos jours dans le midi de la France, et qui est percé de trois trous seulement; la *flûte à neuf trous* et les *basses*, longues de sept à huit pieds, et qui s'embouchaient au moyen d'un serpentin descendant le long du corps de l'instrument, jusqu'à l'endroit où les lèvres de l'exécutant pouvaient le plus commodément s'y appliquer.

La flûte dite *traversière* se distinguait des précédentes par son embouchure, qui était latérale au lieu d'être verticale. Cette embouchure consistait en un trou rond percé d'un côté du tube; six autres trous servaient aux mouvements des doigts, et dans la suite il y en eut un septième que l'on ouvrait au moyen d'une clef. La flûte traversière reçut successivement plusieurs modifications. Ainsi, en 1722, on en allongea le corps pour avoir un trou de plus dans le bas, et l'on ajouta une clef pour avoir l'*ut dièze;* plusieurs années après, Quantz y apporta encore de nouveaux perfectionnements, en la dotant d'abord d'une seconde clef, laquelle était courbe et servait à faire sentir la différence qui existe entre le *ré dièze* et le *mi bémol;* puis, en 1745, on imagina, afin de hausser ou baisser le ton, l'emboîtement de la tête qu'on nomme aujourd'hui *pompe,* et le bouchon mobile avec sa vis de rappel. Bref, en 1789, la flûte avait déjà trois petites clefs : *fa naturel, la* et *si bémol.* Il est bon de noter ici que la petite flûte ou *fifre* était en usage dans l'infanterie française depuis le règne de Louis XIII.

La flûte est donc un des plus anciens instruments que l'on connaisse; la plupart des autres instruments à vent sans bocaux sont d'invention beaucoup plus moderne, et datent de quelques siècles au plus. Nous allons donner une énumération rapide des principaux instruments, en constatant, autant qu'il nous sera possible, leur origine et les perfectionnements dont ils ont été l'objet jusqu'à l'époque de la Révolution.

La *clarinette,* qui n'est autre chose que le chalumeau allemand perfectionné, fut imaginée en 1690 par Denner de Murember, et figura bientôt dans les orchestres. Elle n'avait à son origine que sept trous et deux clefs, une pour le *la* et une pour le *si.* Une troisième clef y fut ajoutée en 1788 seulement, dans le but d'obtenir l'*ut dièze,* et c'est un nommé Lefebvre qui fut l'auteur de cette amélioration.

Une variété de la clarinette fut le *cor de basset,* inventé à Pessan (Bavière) en 1770, et perfectionné douze ans plus tard par Lotz, de Presbourg. Cet instrument donnait un chant doux et sombre, qui avait un caractère tout particulier. Son doigté et son embouchure ne différaient pas de ceux de la clarinette, mais ses dimensions étaient plus grandes et sa forme un peu recourbée.

Le *chalumeau* portait autrefois le nom de *chalemée, chalemelle, calamel, muse.* Cet instrument est très-ancien, et avait ordinairement de six à neuf trous sans aucune clef. Le *hautbois* lui ressemblait beaucoup, mais était plus grand et portait des

1...

clefs. Il y en avait de différentes sortes qui se distinguaient entre elles par les noms de *hautbois ordinaire*, *hautbois de Poitou*, *hautbois des forêts*, *hautbois d'amour*, *bombarde*, etc. Il existait également des dessus de hautbois, hautes-contres et tailles. Les *gros-bois* ou *basses* avaient parfois jusqu'à cinq pieds de longueur. Le *cromorne* ou *tournebouts*, instrument fait en forme de crosse, servait aussi de basse au hautbois.

L'origine du hautbois remonte au seizième siècle, et peut-être au delà, mais il se répandit surtout en 1725, grâce aux frères Besozzi qui le perfectionnèrent et en tirèrent un parti merveilleux.

Afranio, chanoine de Pavie, fut en 1539 l'inventeur du *basson*, lequel eut peu de succès à son apparition. En 1578, un Allemand, Sigismond Scheltzer, améliora cet instrument et parvint à lui donner plus de vogue. Il portait dans le vieux français les noms de *dulcian* ou *doucine*, à cause de la douceur de son timbre, et s'appelait en italien *fagotto*. En 1659, il n'avait encore que trois clefs, celles de *si* bémol, *ré* et *fa* grave; ce ne fut qu'en 1751 qu'il lui fut ajouté une quatrième clef. Le basson eut plusieurs dérivés connus sous les dénominations de *courtauds* et de *cerrelas*, lesquels servaient de basses aux musettes.

Le *cor anglais* est également d'origine italienne, et c'est Ferlandis qui en fit la découverte à Bergame, il y a soixante ans environ. Cet instrument ne sort pas de la famille des bassons; il sonne seulement une quinte plus bas, et l'on s'en sert presque uniquement pour l'exécution des soli.

Depuis la fin du dix-huitième siècle jusqu'à nos jours, il s'est accompli de nombreux et importants changements dans les instruments à vent sans bocaux. Le flageolet fut d'abord perfectionné par l'addition de trois clefs, puis la flûte se vit l'objet de grandes modifications tentées par Rioeck, médecin hanovrien, l'Anglais Kusder et Cromlitz. On porta d'abord le nombre des clefs à cinq, puis on s'apppliqua à donner au tube la forme conique. En 1793, Gresner, facteur de la cour de Saxe, offrit le premier modèle de la clarinette basse, perfectionnée plus tard par Dumas, et garnie par lui de treize clefs. En 1804, nouveau progrès de la clarinette, grâce aux travaux de Janssen, qui changea totalement la disposition des clefs et imagina de garnir celles de *si* et d'*ut* de pièces cylindriques mobiles sur leur axe, et nommées *rouleaux*. En 1812, perfectionnement du cor de basset, ou *clarinette alto*, par Muller. En 1817, amélioration du basson par Simiot, de Lyon, qui donna dans cet instrument un plus libre cours à la colonne d'air, et y ajouta les coulisses dites *coulisses d'accord*. En 1828, essai par ce même Simiot, devant une Commission de l'Académie des Beaux-Arts, d'une nouvelle clarinette portant dix-neuf clefs.

C'est en 1832 que M. Boëhm importa en France son système, si bien compris et si habilement imaginé. Cet inventeur avait enfin résolu l'important problème dont on cherchait depuis si longtemps la solution. Il s'agissait de fermer successivement tous les trous du corps sonore dans un ordre régulier pour une gamme descendante, et de les ouvrir de la même manière pour une gamme ascendante, ce qui donnait le moyen de faire disparaître les fourches. M. Boëhm avait fabriqué, à cet effet, une flûte à quatorze trous, fournissant une échelle chromatique de sons. Le pouce de la main droite servait exclusivement à soutenir l'instrument, et une heureuse disposition de clefs à anneaux permettait de faire deux fonctions avec le même doigt, en faisant agir l'essieu d'une clef ouverte par le mouvement du doigt qui bouche le trou. Par le même mécanisme, des trous qui, percés à leur place normale, ne pouvaient être atteints par les doigts, se fermaient au moyen de longues tiges tournantes attachées aux anneaux, et, dès lors, il n'était plus nécessaire de glisser d'une clef à l'autre ou sur un trou, comme dans l'ancienne flûte.

Le système Boëhm, bientôt reconnu supérieur à tout ce qui avait été exécuté jusqu'alors, fut l'objet des plus sérieuses études de la part des facteurs, qui cherchèrent à en faire l'application sur différents instruments. M. Auguste Buffet, entre autres, fit plusieurs essais de ce genre, et avec le concours de M. A. Lavigne, premier hautbois du Théâtre-Italien, il parvint, en 1840, à l'appliquer sur cet instrument. Déjà, l'année précédente, un autre facteur, M. Jullien, avait tenté, mais en vain, de se servir du système Boëhm pour la clarinette, et ce fut encore à M. Buffet jeune, aidé des conseils de M. Klosé, professeur au Conservatoire, qu'on dut la réussite de ce nouvel essai. Plus tard, M. Boëhm fit lui-même, sur le hautbois, une perce pour M. A. Lavigne; mais cette innovation n'obtint pas tous les bons résultats qu'on espérait d'elle. Disons enfin qu'une foule d'améliorations furent basées sur ce système, et qu'il produisit ainsi une véritable révolution dans la facture des instruments à vent en bois.

En 1844, M. A. Buffet, sans cesse à la recherche de nouvelles conceptions, fut une fois de plus breveté pour son application d'anneaux mobiles aux clarinettes et aux hautbois.

En 1847, M. Boëhm reconnut l'avantage de la perce cylindrique pour le tube des flûtes, et adopta la perce conique vers l'embouchure, contrairement à ce qui avait été usité jusqu'alors. Le brevet que M. Boëhm prit à cet effet lui fut acheté par MM. Lot et Godfroy, facteurs, qui, depuis, ne cessèrent de travailler à ce système et d'y apporter de nouveaux perfectionnements.

En 1851, M. Adolphe Sax remplaça la contre-basse de symphonie par une *clarinette-contre-basse* en cuivre, en *mi-bémol*, dont les avantages sur la première ne sauraient être contestés.

Enfin, en 1855, MM. Boëhm et Triebert construisirent un basson dans de nouvelles proportions fournies par le premier de ces inventeurs, et muni de son système de clefs. Ce basson était au-dessus de tout ce qu'on avait vu jusqu'à ce jour ; il faisait le plus grand honneur à M. Boëhm pour son imagination inventive, et à M. Triebert pour les soins intelligents qu'il avait apportés à la fabrication de l'instrument.

L'année suivante, M. Triebert se fit encore breveter pour de nouveaux becs de clarinettes imaginés par lui, et préférables aux anciens sous plus d'un rapport.

On voit, par les différentes indications qui précèdent, que notre facture se montrait aussi active qu'intelligente, et qu'elle marchait d'un pas rapide à son apogée. Aussi, les diverses expositions nationales lui furent toutes très-favorables, et les concours universels constatèrent davantage encore l'excellence de ses travaux, en lui décernant les plus honorables et les plus justes récompenses.

COMPTE RENDU DE L'EXPOSITION

Ce fut à la fois une grande joie et un grand honneur pour nous d'avoir réuni les suffrages de notre corporation et d'être chargés par elle de nous rendre à Londres pour y apprécier les produits de notre industrie et les comparer à ceux des nations étrangères qui participaient au grand concours universel de 1862.

Nous ne nous dissimulions nullement, toutefois, les difficultés et l'importance de la mission qui nous était confiée. Nous regrettions surtout de n'avoir pas puisé d'avance dans l'étude de l'art musical des nations qui nous auraient donné la faculté d'unir l'appréciation artistique à l'appréciation industrielle. Nos produits, en effet, demandent, pour être bien jugés, de l'être aux deux points de vue du progrès musical et de celui de la fabrication. Nous connaissons tel instrument, tel système estimé par les facteurs et dédaigné par les artistes, tandis qu'un autre est dans des conditions précisément contraires. Il serait cependant d'une très-grande urgence qu'on parvînt enfin à concilier ces exigences opposées, car, si les fabricants sont compétents pour apprécier un instrument, il n'en est pas moins vrai que les observations des artistes doivent être entendues, puisque, en définitive, ce sont eux qui se servent de l'instrument et qui sont à même de reconnaître par l'usage quels sont ses qualités et ses défauts.

A côté de ces premières considérations, s'en présentaient d'autres non moins graves. Nous allions nous trouver en présence d'instruments fabriqués de certaine manière, par des procédés qui ne nous étaient pas familiers, et nous devions craindre qu'en dépit de notre bon vouloir, notre jugement se ressentît de nos habitudes et de notre façon de travailler. Puis, nous pouvions avoir des préférences pour l'ouvrage de tel ou tel fabricant, et il fallait nous mettre en garde contre les impressions favorables que nous dicteraient malgré nous ces préférences. Enfin, en raison de l'attachement bien naturel que nous portons à la France et des vœux que nous faisions pour que son industrie et son commerce conservent le rang qu'ils ont si brillamment conquis, nous avions besoin de faire appel à l'impartialité la plus scrupuleuse et la plus éclairée pour nous prononcer entre les différents produits offerts à notre examen.

C'est après nous être pénétrés du sentiment de notre devoir ainsi compris, que nous entrâmes au palais de Kensington, et que nous en parcourûmes les vastes salles. Malheureusement, des empêchements imprévus s'opposèrent à ce que nos études fussent ce qu'elles devaient être. Les exposants, pour la plupart, étaient absents, leurs montres étaient fermées, et nous nous trouvions dans l'impuissance d'examiner leurs produits comme il entrait dans nos intentions de le faire. Comment, en effet, se former une opinion sur la simple vue d'une vitrine? En matière de fabrication, on ne saurait juger *à priori*, et nous aurions voulu pouvoir démonter les instruments, les examiner en tous sens, étudier à loisir leur mécanisme, en voir minutieusement tous les détails, puiser enfin des notions exactes et sûres qui pussent nous guider dans une comparaison. Rien de cela ne nous a été permis; notre tâche en est devenue plus difficile et plus délicate encore; néanmoins nous croyons nous en être tirés selon notre conscience, et nul, nous l'espérons, ne pourra nous accuser d'injustice ou de parti pris dans nos jugements.

Les nations exposantes étaient l'Angleterre, la Belgique, divers États de la Confédération germanique, l'Italie et enfin la France. Nous allons les passer en revue les unes après les autres et donner d'abord nos appréciations sur chacune d'elles :

BELGIQUE

ALBERT

M. Albert, de Bruxelles, a exposé des clarinettes de tous les systèmes et dans tous les tons. Nous devons féliciter ce fabricant pour ses clarinettes à treize clefs, qui sont ce qu'on a vu de plus parfait jusqu'à ce jour. Nous regrettons de n'en pouvoir dire autant de ses clarinettes Boëhm : ces dernières sont très-défectueuses et ne sauraient nullement entrer en comparaison avec celles que l'on fait en France.

MAHILLON

M. Mahillon suit de près M. Albert pour la fabrication, mais ses clarinettes à treize clefs, quoique assez bien travaillées, nous ont paru moins belles que celles du précédent. Quant à ses clarinettes Boëhm, elles sont également inférieures aux clarinettes françaises du même système.

ANGLETERRE

RUDALL ROSE

La maison Rudall Rose, de Londres, nous a offert des flûtes en or, en argent et en cuivre ; plus, des bassons et des clarinettes. Les flûtes sont semblables aux flûtes françaises, sauf les clefs, qui sont plus matérielles. A part cela, le travail est irréprochable ; mais, n'ayant pas eu la faculté de les démonter, nous n'avons pu nous assurer si le mécanisme en était exact.

Le principal produit de M. Rudall Rose est une clarinette nouvelle dans laquelle il a suivi tous les principes de M. Boëhm ; les combinaisons du mécanisme en sont réellement magnifiques ; tous les trous sont ouverts, et les clefs de *la* et *la bémol* sont changées dans le doigté ; il est fâcheux que le travail soit grossier et lourd et les ressorts d'une dûreté excessive ; il est également à regretter que les combinaisons de cette clarinette entraînent un changement complet de doigté, ce qui en rendra l'usage long à se répandre parmi les artistes.

Les bassons de la maison Rudall Rose sont, sans contredit, les meilleurs de l'exposition anglaise.

SIMPSON

La fabrication de M.Simpson est certainement belle et bonne, mais nous déplorons sincèrement que ce facteur n'ait pas tenu compte des progrès accomplis et procède toujours à l'ancienne manière. Cette observation nous est surtout inspirée par ses flûtes à pattes d'*ut*, qui sont faites avec soin et habileté et qui n'ont qu'un défaut, celui de ne pas offrir l'aspect élégant et moderne de nos instruments. Le bois en est, en effet, lourdement travaillé et des bosses y sont conservées pour l'entaillement des clefs. Nous engageons M. Simpson à rompre désormais avec ce système arriéré et à entrer franchement dans les voies nouvelles; nous sommes certains qu'il n'y trouvera qu'honneur et profit.

DISTIN

Les saxophones de M. Distin sont loin d'atteindre à la perfection des produits français du même genre; ils présentent, entre autres défauts, des clefs lourdes et fort mal faites. Les instruments en bois de ce même facteur sont de facture française, et nous ne saurions les considérer comme produits anglais.

STARCK

La vitrine de M. Starck contenait des flûtes à huit clefs prises dans le bois, ancien système, mais néanmoins très-bonnes de confection.

CLISTON

M. Cliston a exposé des flûtes cylindriques nouveau système, en bois et en métal. Le système de M. Cliston est une amélioration de celui de M. Boëhm, amélioration qui consiste dans la disposition de la patte d'*ut*, qui est de même morceau que le corps de l'instrument, et dans la suppression des tenons, par laquelle les trous se trouvent remontés. Une autre particularité du système de M. Cliston, c'est que les trous, au lieu d'être d'une perce régulière, vont en s'amoindrissant de diamètre de bas en haut.

BOSSEY. — BUTLER, PRUT ET SAHO. — POTER CHARING CROSS
CARD ET COME., CHAPELL

Nous n'avons rien à dire de ces diverses expositions; elles sont entièrement composées d'instruments fabriqués en France et en Belgique, et si ces instruments ont quelque mérite, nous aurions tort d'en reporter l'honneur à la facture anglaise.

ALLEMAGNE

ZIÉGLER

M. Ziégler, de Vienne, a exposé, entre autres produits, des flûtes en ivoire descendant au *si* et des flûtes à dix-sept clefs descendant au *la*. Ces divers instruments sont fabriqués selon l'ancienne manière, avec les clefs entaillées dans le bois.

V.-F. CERCENY ET HARDI

Cette maison, la seule exposante de la Bohême, nous offre un basson en métal, à treize clefs, à tringle des plus simples. Ces clefs sont de véritables clefs allemandes, lourdes, massives et sans formes. On ne peut rien imaginer de moins élégant et de plus désagréable à l'œil.

ESSLINGER. — FRIEDRICH (ADOLPHE)

Le facteur prussien Esslinger expose de grandes et de petites flûtes, dont le travail est non-seulement mauvais, mais encore sans goût, sans ajustement, sans régularité aucune ; quant au fini, il est réellement déplorable.

Les observations qui précèdent peuvent s'appliquer également aux produits de M. Friedrich (Adolphe). Ces deux fabricants marchent de pair, malheureusement hors de la voie de tout progrès et de toute perfection.

GOBRE DE SCHIRTER. — SCHLESSER

Les flûtes et petites flûtes de la maison wurtembergeoise Gobre de Schirter n'ont rien qu'on puisse citer.

Les flûtes et flageolets de la maison Schlesser nous ont paru d'une fort mauvaise exécution.

SCHUSTER JEUNE

Flûtes, flageolets, fifres en citronnier et prunier dans le genre de ceux qu'on vend un sou à Paris. M. Schuster jeune a obtenu une médaille, nous nous demandons pourquoi.

KSACHSEN

M. Ksachsen est le seul facteur allemand qui nous offre une flûte système Boëhm. Cette flûte est loin d'être parfaite, mais nous engageons M. Ksachsen à persévérer dans ses travaux, ne fût-ce que pour donner un bon exemple à cette pauvre Allemagne, si en retard.

B. FORNE

M. B. Forne, de Milan, nous donne un échantillon de la facture italienne, et nous ne l'en félicitons pas. Clefs sans formes, ressorts durs, mauvais fini, ses instruments réunissent tous les défauts.

FRANCE

SAX (ADOLPHE)

M. Adolphe Sax a exposé une famille de saxophones argentés et dorés d'un fini très-remarquable ; il a également exposé un basson qui, sous le rapport du travail et de l'application des clefs, fait l'admiration de tous les connaisseurs ; puis des clarinettes système Boëhm, mais ces dernières sont ordinaires, et nous n'en parlons ici que pour mémoire. Dans les instruments en bois de cet exposant, nous mentionnerons particulièrement une clarinette basse à treize clefs, en ébène, d'une bonne fabrication. Pour ses clarinettes, M. Sax emploie le système Boëhm de préférence à tout autre, et nous ne pouvons que l'approuver.

Il nous reste à exprimer un regret, c'est que les instruments qui figurent dans l'exposition de M. Sax ne soient pas tous d'une fabrication récente, et datent même de plusieurs années. Nous avons, en effet, reconnu ses saxophones et ses clarinettes pour les avoir déjà vus dans les expositions précédentes ; ils ont été seulement remis à neuf. Ceci n'empêche pas M. Sax d'être un excellent facteur et de tenir dignement sa place parmi nos fabricants.

GAUTROT AÎNÉ

L'exposition de M. Gautrot nous offre, comme nouveauté, plusieurs instruments en aluminium très-légers et très-beaux. Nous citerons, entre autres, des clarinettes à treize clefs, et de grandes et petites flûtes à cinq clefs. Tous ces instruments sont parfaitement réussis au point de vue de la fabrication, et ce bon résultat doit être signalé, car le travail de l'aluminium demande des précautions et des soins tout exceptionnels. Nous voyons encore des clarinettes en écaille et en ivoire, faites, les unes selon le système à treize clefs, les autres selon le système Boëhm; mais ces clarinettes ne nous ont pas paru d'un beau fini. Les flûtes ordinaires à cinq clefs de M. Gautrot n'ont rien non plus de remarquable. Son basson et ses sarusophones, au contraire, sont bien faits et méritent une mention toute particulière.

TRIEBERT ET Cⁱᵉ

Les meilleurs produits de cette maison sont, sans contredit, ses hautbois et ses cors anglais. Ses hautbois sont de tous les systèmes, mais ils se font remarquer par l'excellence de la fabrication et la perfection du fini, et ses cors anglais possèdent les mêmes qualités. Une innovation de MM. Triebert et Cᵉ est un basson avec système Boëhm. Ce système avait été déjà essayé en Angleterre, sur le basson, mais l'essai avait été défectueux. M. Triebert a été plus habile et plus heureux, et son instrument est dans les meilleures conditions.

A. BUFFET JEUNE

L'exposition de M. Buffet est des plus importantes. Nous y voyons des clarinettes, flûtes et petites flûtes avec application du système Boëhm. Ces divers instruments sont tous d'un travail très-soigné et d'une exécution parfaite. Nous citerons encore des clarinettes en métal, également avec système Boëhm, dorées, argentées et remarquables à plus d'un titre; plus, deux clarinettes basses d'une bonne confection. Mais ce qui nous a le plus frappés, ce sont deux clarinettes en *la* et *si* bémol. Ces instruments tout nouveaux doivent être signalés comme un véritable progrès. Ils consistent en deux tubes montés l'un sur l'autre et ayant chacun deux fois le nombre de trous employé dans le système ordinaire. Le tube extérieur supporte un mécanisme habilement disposé et dont chacune des clefs bouche deux trous, tandis que le tube intérieur sert de registre de transposition par le moyen d'un mouvement rotatif qui met en communication la moitié des trous avec le corps de l'instrument et en bouche l'autre moitié. Cette ingénieuse combinaison est le résultat d'un long et sérieux travail, et nous ne saurions adresser trop d'éloges à son inventeur.

BUFFET-CRAMPON ET Ce

La maison Buffet-Crampon a exposé des clarinettes, hautbois, flûtes et petites flûtes, où l'ancien système et le système Boëhm sont également appliqués; le travail en est bon et surtout très-soigné. Parmi divers autres instruments de cette maison, nous avons reconnu une clarinette basse remise à neuf qui n'a pas été fabriquée spécialement pour cette exposition.

LOUIS LOT

Ce facteur mérite d'être cité pour ses flûtes en bois et en métal, à perce cylindrique; le travail de ces instruments est vraiment admirable, et rien n'est plus parfait.

CLAIR-GODFROY

M. Clair-Godfroy a exposé divers instruments. Ses flûtes en bois et en métal, à perce cylindrique, sont d'une excellente fabrication.

BRETON

Les clarinettes, flûtes et petites flûtes de M. Breton sont toutes faites d'après le système Boëhm et ne sortent en aucune façon de l'ordinaire. Nous ne parlerons que de ses flûtes en cristal, qui sont parfaitement faites et certainement dignes de remarque.

HUSSON, BUTAUD ET THIBOUVILLE

Les clarinettes, flûtes, petites flûtes et flageolets de cette maison sont d'un travail ordinaire. Nous avons particulièrement remarqué ses flageolets Boëhm.

THIBOUVILLE-MARTIN

L'exposition de M. Thibouville-Martin n'offre aucun intérêt; ses clarinettes, flûtes et petites flûtes, nouveau et ancien système, nous ont paru très-médiocres.

BARBU

Nous avons remarqué dans la vitrine de M. Barbu des anches

de clarinettes, de saxophones, et autres, qui nous ont paru d'un beau travail et d'une parfaite exécution.

COTTIAU

M. Cottiau a également exposé des anches dont il est l'inventeur, et qui sont fabriquées en métal, au lieu de l'être en roseau, comme les anches ordinaires. Nous ne nous prononcerons pas sur cette innovation : il faut attendre qu'elle se soit répandue davantage, pour savoir au juste quels sont ses mérites et ses qualités réelles.

On voit, d'après l'énumération qui précède, que la France est encore à la tête de la facture des instruments en bois, et qu'elle peut défier tous les efforts de la concurrence étrangère. Cette supériorité de nos fabricants est due surtout à la légèreté du mécanisme, à la perfection du fini, à l'excellent travail du bois et surtout à l'emploi des meilleurs systèmes.

Au second rang, nous trouvons la Belgique, qui paraît habilement comprendre la fabrication. Les facteurs de cette nation excellent surtout pour les clarinettes à treize clefs, dont la supériorité nous a semblé incontestable. Il n'en est pas de même pour les instruments auxquels ils ont appliqué le système Boëhm ; nous avons vu plusieurs flûtes et clarinettes munies de ce système, et nous devons dire qu'elles pèchent beaucoup quant à l'élégance de la forme et au fini du travail. Nous avons peine à comprendre un progrès marqué dans une partie de la facture, et tout à fait nul dans l'autre ; nous pensons qu'il ne tiendrait qu'à la bonne volonté des Belges d'obtenir d'heureux résultats dans tous les genres.

L'Angleterre semble être restée complétement stationnaire depuis les dernières expositions, et sa fabrication est fort au-dessous de celle de la France et même de celle de la Belgique. Les instruments anglais, quoique assez bien construits, manquent généralement de grâce et de coup d'œil ; les clefs sont lourdes et matérielles, et les ressorts n'ont aucune souplesse, ce qui crée d'énormes difficultés d'exécution pour l'artiste. Les clarinettes et les flûtes en métal sont très-répandues en Angleterre, et nous ne pouvons qu'approuver cette préférence ; le métal a, selon nous, beaucoup plus de durée que le bois ; il n'est pas susceptible de se fendre et de dévier, et peut impunément braver toutes les températures, ce qui donne la liberté de le transporter partout sans qu'il ait à subir les avaries qui, le plus souvent, frappent le bois le mieux préparé. Le système généralement employé par les Anglais est encore le système à treize clefs, si défectueux et si inférieur à celui de Boëhm. On a pu voir, cependant, que certains fabricants paraissent vouloir adopter ce dernier système, mais l'exemple est rare et demandera beaucoup de temps avant d'être suivi d'une façon large et arrêtée. Nous dirons en outre que les quelques instruments anglais auxquels est appliqué le système Boëhm ne sont pas près d'égaler les instruments analogues que produisent nos maisons de Paris.

Quant à l'Allemagne, sa fabrication est vraiment déplorable. Depuis longtemps elle n'y a apporté aucun changement ; elle conserve obstinément ses anciens modèles défectueux sous tant de rapports, et principalement sous celui des clefs, qui se trouvent ajustées dans le bois et exposées ainsi à voir interrompre leur jeu par l'humidité. Nous ne pouvons nous expliquer l'inertie dans laquelle les facteurs d'outre-Rhin se trouvent plongés et l'espèce d'entêtement qu'ils semblent mettre à repousser toute idée d'amélioration. Le système Boëhm, bien que tirant son origine de l'Allemagne, n'a pas trouvé accès dans son exposition. Ainsi, cette nation, qui a produit le plus grand innovateur dans notre industrie, ne pense même pas à profiter de ses inspirations et à suivre la voie de progrès qu'il a tracée. Un seul fabricant a exposé une flûte Boëhm, et, bien que d'une médiocre exécution de travail, cet instrument prouve, de la part de celui qui l'a produit, la volonté de s'occuper d'un système dont les bons effets et les avantages sont constatés depuis longtemps.

Nous passons l'Italie sous silence, et pour cause : on a vu que son exposition était presque nulle et méritait à peine qu'on s'y arrêtât.

C'est donc encore à la France qu'appartient le sceptre de la facture de nos instruments. Les principales maisons de Paris se sont montrées à la hauteur de leur juste réputation. M. Auguste Buffet est toujours le premier pour les innovations, les perfectionnements de toutes sortes, et conserve en outre sa supériorité depuis longtemps acquise pour la fabrication des clarinettes ; M. Triebert est encore sans rival dans la spécialité du hautbois et du basson ; MM. Lot et Godfroy continuent de produire les flûtes les plus estimées ; enfin, M Buffet-Crampon fabrique également bien tous les genres d'instruments et excelle surtout pour la richesse et le fini du travail.

Nous devons applaudir au zèle bien compris qu'ont déployé nos facteurs dans cette exhibition universelle. De toutes les maisons de Paris, il n'en est qu'une seule qui se soit abstenue, et nous regrettons vivement, du reste, que ce soit une des meilleures ; nous voulons parler de la maison Bié, dont les produits en général, et particulièrement les clarinettes, sont si justement appréciés.

Tout en plaçant ici la France à son rang, et en rendant hommage à son intelligence et à son habileté, nous sommes forcés de reconnaître qu'il lui reste encore beaucoup de chemin à faire pour atteindre, dans notre industrie, à l'apogée de la perfection. Si nous examinons divers instruments, tels que clarinettes, flûtes, hautbois, bassons, etc., nous y trouvons des défectuosités en grand nombre. Ainsi, par exemple, les boules des anneaux sont toujours trop basses, de sorte que les ronds ou calottes ne découvrent pas d'aplomb, ce qui ôte de la puissance et de la pureté du son. Cet inconvénient est encore plus sensible dans les flûtes cylindriques, pour la fabrication desquelles on donne à l'ouvrier des ronds beaucoup trop petits, ce qui lui rend le bouchage infiniment plus difficultueux, et lui prend trois ou quatre fois plus de temps que si les ronds étaient faits convenablement : nous signalons ce défaut entre tous ; mais si l'espace nous le permettait, nous pourrions en indiquer plusieurs autres. Nous nous résumerons en disant que toutes les imperfections dépendent, en grande partie, de l'insuffisance et du peu de progrès de l'outillage. Depuis un demi-siècle, en effet, on se sert des mêmes outils, à l'exception de quelques tours à chariots qui sont d'un excellent usage pour la régularité et la promptitude du travail. En visitant les ateliers anglais, une chose nous a frappés, c'est que, tout en retard que soit leur facture sur la nôtre, leur outillage est bien plus complet que celui qui est employé dans nos ateliers. Les facteurs britanniques ont, en outre, un soin tout particulier pour la préparation du bois. Ils le mouilent d'abord et le sèchent à plusieurs reprises, avant de le travailler ; puis, lorsqu'ils ont percé et tourné les instruments, ils en remplissent le corps d'huile et le laissent plusieurs jours dans ces état. Cette préparation a pour but d'éviter les fentes et les déviations, et donne ainsi une grande garantie de durée et de qualité à l'instrument. Nous sommes étonnés que ces excellents moyens préparatoires aient échappé jusqu'ici à nos fabricants ; nous savons que les frais qu'ils entraînent sont pour beaucoup dans cette négligence, mais nous ne pensons pas qu'une telle raison soit en droit de la justifier.

Il est bien évident, grâce à ce qui précède, que si l'Angleterre avait des ouvriers comparables aux nôtres, elle ne tarderait pas à nous devancer et à produire des instruments infiniment meilleurs que les instruments français. C'est à nos facteurs, auxquels les bons ouvriers n'ont jamais fait défaut, à prendre note de notre observation et à s'appliquer à suivre l'exemple de nos voisins d'outre-mer.

Terminons notre rapport en signalant un abus qui se renouvelle à chaque exposition. Généralement ce ne sont pas les instruments exposés qui figurent au concours devant le jury, mais d'autres instruments qui ont déjà obtenu précédemment des récompenses. Nous pensons qu'il devrait en être autrement, et que ce mode de procéder n'est bon qu'à retarder le progrès. Il suffit, en effet, qu'un facteur ait produit nne fois un bon instrument, pour qu'il se croit dispensé d'en produire d'autres, et pour qu'il obtienne, malgré cela, les premières médailles et les honneurs du concours.

Les délégués pour les instruments de musique en l ois :

Frédéric LEROUX, finisseur.

GRAVIER, fabricant de clefs d'instruments.

FACTEURS D'INSTRUMENTS EN CUIVRE

APERÇU HISTORIQUE

Avant de faire le compte rendu de nos observations sur l'Exposition de Londres, nous pensons qu'un préambule sur l'origine et les progrès successifs des instruments de musique en cuivre est indispensable à la clarté de notre travail. C'est pourquoi nous consacrons quelques pages à un résumé historique, en regrettant que le manque d'espace nous contraigne de limiter notre récit, car les documents que nous avons consultés à cet égard abondent en détails instructifs et attrayants qui intéressent autant l'artiste que l'industriel.

Les peuples de l'antiquité la plus reculée, tels que les Egyptiens et les Hébreux, et, plus tard, les Troyens, les Grecs et les Romains, connaissaient la *trompette* et en faisaient usage, soit pour exciter leurs guerriers au combat, soit pour la célébration de leurs cérémonies religieuses, soit enfin dans les fêtes publiques et les cérémonies de tous genres. Le *cor* n'est pas moins ancien, et son origine, quoique moins constatée peut-être que celle de la trompette, remonte certainement à une époque très-reculée. L'invention de ces deux instruments doit appartenir aux premiers peuples guerriers et chasseurs, comme celle de la flûte est évidemment due aux pâtres et aux agriculteurs primitifs.

La forme des premiers instruments munis de bocaux et la matière employée pour leur fabrication variaient selon le goût et les usages des nations dont ils étaient connus. La longueur de la trompette antique était d'environ dix-huit pouces ; les dimensions du cor primitif sont plus difficiles à établir, parce que ce dernier instrument variait infiniment plus de formes et présentait tantôt celle d'une corne, tantôt celle d'une *S*. Le bois, l'airain, l'argile, la corne et l'ivoire, par la suite, servaient à fabriquer le cor et la trompette. La *buccina* latine n'était même, à son origine, qu'une sorte de coquillage percé à son extrémité, laquelle servait d'embouchure à l'instrumentiste. Les Grecs comptaient six espèces de trompettes; les Romains quatre seulement.

Les trompettes et les cors primitifs n'étaient percés d'aucuns trous latéraux, et cette imperfection, jointe à la grossièreté de travail de l'embouchure, en rendait, paraît-il, l'usage fort incommode et très-fatigant. Ce n'est qu'au moyen âge qu'on imagina de doter les cors de plusieurs ouvertures, à l'exemple des flûtes et des hautbois. C'est la première amélioration qu'il nous soit possible de constater dans l'histoire des instruments à vent munis de bocaux.

Les mots servant à dénommer ces instruments sont en grand nombre dans le vieil idiôme français. C'est ainsi qu'on les trouve désignés par les dénominations de *cor, corne, cornet, tube, trompe, trompette, buccin, buccine, clarine, claronceau, araine, menuel, gresle, huchet, saquebute, oliphon*, etc., etc. Quelques-uns de ces noms sont restés à nos instruments modernes. Les mots de *horne* (corne) et *bugle* (buffle), employés également dans la facture actuelle, sont tirés des vieux langages germain et britannique.

Au moyen âge, comme dans l'antiquité, divers matériaux s'employaient pour la fabrication des trompettes; les métaux, toutefois, semblaient prévaloir; les bois venaient ensuite. Les cors et les cornets, instruments de chasse et de fantaisie, étaient généralement en corne et très-souvent en ivoire. Sous Charles V, on vit, pour la première fois, des trompettes en argent; c'étaient les musiciens de sa garde quien étaient munis. Cet exemple somptueux fut suivi par la plupart des successeurs de ce prince, et les grands seigneurs du royaume ne tardèrent pas à l'imiter.

A cette époque, les trompettes étaient de forme droite et longues de près de six pieds. Les incommodités entraînées par de telles dimensions se faisaient vivement sentir, sans qu'on eût pu, jusqu'alors, y apporter aucun remède. C'est seulement sous Louis XII, à la fin du xv⁰ siècle, qu'un Français nommé Maurin, eut l'heureuse idée de replier le tube sur lui-même, afin que l'air eût autant de parcours dans l'instrument, sans que, pourtant, celui-ci embrassât tant d'espace. Cette modification fut également appliquée aux grands cors, qui commencèrent à former plusieurs anneaux. Remarquons que, vers ce temps, le mot *trompe*, qui avait jusqu'alors signifié *grande trompette*, c'est-à-dire instrument de forme droite, commença à s'appliquer aux instruments recourbés et les désigna bientôt spécialement.

La courbure des tiges est donc la seconde amélioration introduite dans la fabrication des instruments munis de bocaux ; cette courbure s'exécutait de diverses façons, et quelquefois elle ne formait dans la trompette qu'un simple anneau en tortille, ou bien, se repliait plusieurs fois en zigzags; de sorte que la seconde courbure était toujours en sens inverse de la première ; les parties de cette tige ainsi repliée portaient le nom de *branches*, et l'endroit marqué par la courbure s'appelait *potence*.

Au XVIIIe siècle, on chercha en Allemagne les moyens de modifier les sons de la trompette et du cor, pour les approprier au ton des orchestres, et l'on y parvint en adaptant des tuyaux mobiles appelés *cors de rechange*, ou *tons ;* puis cette idée en amenant une autre, on fit l'emploi des *clefs*, et ce fut aux frères Braun qu'on dut, en 1770, l'introduction de ce nouveau système en France. Dix ans auparavant, un autre Allemand, nommé Hampl, avait déjà découvert qu'il était possible d'obtenir des modifications de sons en bouchant en partie, avec la main, le pavillon de l'instrument. Enfin, Hältenhoff compléta ces différentes améliorations, en y ajoutant une pompe à coulisse, au moyen de laquelle on régla d'une manière satisfaisante la justesse de l'intonation. On voit que les progrès commençaient déjà à se succéder d'une manière assez rapide, quand la formation du Conservatoire de musique vint à propos (1794) leur donner un nouvel essor.

De 1794 à 1816 on s'occupa spécialement de perfectionner les instruments à clefs, tels que bugles et trompettes. Bon nombre de brevets furent pris à cet effet, mais notre cadre est trop restreint pour qu'il nous soit permis de parler de tous, et c'est à peine si nous pourrons citer les principaux.

En 1811, on vit paraître une nouvelle trompette avec *cors de rechange*, ou *additions*, mis en communication par des clefs. Ce sys'ème parut d'abord si compliqué qu'il fit crier à l'impossibilité et qu'on l'abandonna après quelques essais. C'était l'œuvre d'un apothicaire anglais nommé Guillaume Close; et, malgré son peu de succès, nous devons le considérer comme un acheminement remarquable vers la découverte du *piston*.

Le Silésien Bluhmel paraît, malgré de nombreuses contestations, être le véritable inventeur des pistons ou, pour mieux dire, des *registres* des instruments en cuivre. Stœlzel et Wieprecht ont seulement perfectionné ce système et concouru d'une manière active à son application. Malgré l'importance de son innovation, Bluhmel mourut pauvre, et laissant une veuve et des orphelins dans l'indigence ; Stœlzel lui-même ne fut pas mieux récompensé de ses efforts et vieillit dans la misère. Tel est le plus souvent le triste sort des inventeurs! C'est en 1816 qu'on entendit parler du piston pour la première fois, et c'est seulement en 1823 qu'il fut introduit en France par le compositeur Spontini. Cette découverte ouvrit une voie nouvelle à notre facture instrumentale, et ce fut elle qui, par la suite, donna naissance au *clavicor*, inventé par Danaïs, puis, plus tard et successivement au cor et au *trombone* (1) à pistons, et enfin aux *saxhorn* et au *saxotromba*. Les premiers pistons étaient, toutefois, d'un emploi très-incommode et demandaient plus d'une amélioration avant d'atteindre à leur perfectionnement actuel. Leurs principaux défauts étaient ceux-ci : 1º des angles droits; 2º du vide dans le corps sonore ; 3º une certaine difficulté dans la marche des pompes. Le piston à doubles pompes qui parut ensuite avait la perce droite pour le corps sonore; mais, une fois baissé, il présentait des courbes trop rétrécies, et avait besoin d'un mécanisme pour le faire marcher. Le cylindre à rotation, invention allemande, fut un progrès sur le piston double, en ce qu'il donnait une plus grande égalité de son. Mais la plus importante des améliorations en ce genre fut le piston Périnet, qui fit son apparition en 1839. Périnet trouva le moyen, en évitant les angles, de donner plus d'étendue au son, tout en conservant les proportions ordinaires de l'instrument. Son système est resté l'un des meilleurs, et, de nos jours encore, c'est celui que l'on emploie le plus dans la fabrication.

L'exposition de 1839 fut la première où l'on vit paraître des instruments munis de pistons. Celle qui suivit en 1844 fut encore plus féconde en produits de même genre, et les progrès accomplis par les fabricants furent l'objet d'un long rapport. En 1845, M. Sax fit connaître la famille des saxhorn et saxotromba, qui amena une grande réforme dans la musique militaire. L'apparition de ces instruments tout nouveaux fut vivement sentie dans la facture, et l'impulsion qu'elle en reçut augmenta bientôt son importance commerciale. Néanmoins, les instruments de M. Sax, si remarquables à plus d'un titre, furent l'objet de nombreux procès. L'innovateur fut formellement attaqué en déchéance de brevets, et c'est seulement après quatorze années de luttes judiciaires que *la famille* triompha. Il fut même voté au Corps législatif, en 1859, une loi qui prolongea pour cinq ans les brevets de M. Sax, concernant les saxophones, les saxhorns et les saxotrombas.

C'est par cette succession de progrès et de perfectionnements

---

(1) **Malgré** toutes nos recherches, il nous a été impossible de découvrir l'origine du trombone à coulisse.

que notre fabrication en est arrivée à son état actuel. La dernière exposition nationale de 1849 et les expositions universelles de 1851 et 1855 vinrent couronner tous nos efforts. La concurrence des industries étrangères ne servit qu'à mieux constater notre supériorité, et les premières médailles furent justement décernées à la facture parisienne.

EXAMEN DE L'EXPOSITION

Heureux et fiers de la mission dont nous avait honorés notre corporation, et animés du désir de nous montrer dignes de sa confiance, nous nous sommes rendus au palais de Kensington, à l'effet d'y examiner attentivement les produits de notre industrie et de les comparer consciencieusement à ceux des fabricants étrangers.

On nous permettra de faire observer tout d'abord que, malgré notre bonne volonté, nous avons rencontré tant de fâcheux obstacles, qu'il ne nous a pas été permis d'opérer notre examen comme il entrait dans nos projets de le faire. Le plus grand nombre des exposants étant absents, il nous a été impossible, malgré nos demandes et nos instances réitérées, de nous faire ouvrir les montres renfermant les articles exposés. Cela empêchera notre rapport d'être aussi explicite et aussi détaillé que nous l'aurions voulu. Cependant, désireux d'accomplir d'une façon satisfaisante la tâche que nous avions acceptée, nous avons redoublé de zèle et d'attention, et nous avons la conscience que nos appréciations sont aussi justes et aussi étendues que possible.

Commençons par rendre hommage aux efforts intelligents des facteurs français, qui n'ont pas plus démérité dans cette exhibition que dans les précédentes. En effet, malgré notre impartialité scrupuleuse, et après la plus attentive inspection, nous sommes restés bien convaincus que la France a conservé sa supériorité sur les fabrications rivales et qu'elle est en progrès sur toutes. En second ordre, c'est l'Angleterre qui se fait le plus remarquer ; puis l'Allemagne et la Belgique ; la Hollande, l'Italie, la Suisse, etc., ont eu des expositions à peu près nulles et qui n'ont offert aucun intérêt à nos études.

Nous nous souvenions pourtant que l'Allemagne avait dignement tenu sa place à l'exposition de 1855, et nous pensions avoir à constater de nouveaux et de plus grands progrès de cette rivale qui s'annonçait comme devant marcher de pair avec nous. Ce n'est donc pas sans surprise que nous l'avons vue reléguée au troisième rang et céder le pas à l'Angleterre qui, jusqu'ici, était restée en retard.

C'est que l'Allemagne, ce pays des idées et des inventions avant tout, n'est nullement celui de l'application gracieuse et bien entendue. Généralement, les formes de ses instruments sont lourdes et incorrectes, et leurs proportions ont une bizarrerie qui choque l'œil. Ces défauts se font surtout sentir dans les instruments graves, dont quelques-uns ont des formes très-raccourcies et des branches cintrées d'une grosseur énorme. Ces branches ont parfois jusqu'à un tour et demi d'un seul morceau, et leur volume nous a fait supposer qu'on n'employait pas pour les cintrer les moyens usités dans nos ateliers. On dirait que le facteur s'est plu à chercher les difficultés dans son travail, ce qui, à notre point de vue, nuit souverainement à la qualité de l'instrument, ainsi qu'à l'élégance et à la régularité de sa forme. Les *hélicons* qui ont été exposés comme un des plus beaux produits allemands ne nous semblent pas comparables à ceux que l'on fabrique en France. Ajoutons que nous avons vu très-peu d'instruments à pistons droits ; la plupart d'entre eux sont munis de cylindres à rotation et de mécanismes massifs et compliqués. Bref, la facture allemande est généralement défectueuse, et si nous avons quelques exceptions à faire, c'est seulement en faveur de ses principaux fabricants, parmi lesquels sont MM. Franz Boch et Stowasser, de Vienne.

La Belgique mérite une mention particulière ; elle n'a, il est vrai, qu'un exposant pour le cuivre, M. Mahillon, mais ses instruments sont remarquables, soit comme proportions, soit comme fini de travail. Ils sont montés de pistons Périnet ordinaires et à perce droite.

Nous avons vu plus haut que l'Allemagne n'était pas à craindre pour la facture française ; nous ne pouvons malheureusement pas en dire autant de l'Angleterre, et nous ne saurions trop appeler l'attention de nos fabricants sur cette rivale qui devient de jour en jour plus redoutable. Les progrès accomplis par cette nation industrieuse sont immenses depuis l'Exposition de 1855. Il est vrai que les innovations et les perfectionnements lui font complétement défaut et que son principal mérite consiste à copier habilement nos modèles. La plupart de ses exposants ne fabriquent même pas, et nous avons reconnu dans leurs montres bon nombre d'instruments provenant des ateliers français et belges. Néanmoins, certains facteurs ont exposé des produits véritablement anglais, qui sont d'une excellente exécution. Nous citerons surtout M. Higham, de Manchester, pour ses instruments bien soignés et ses cylindres à rotation habilement disposés pour le courant d'air et fonctionnant par un mécanisme à balustres.

Après lui, vient M. Distin, qui, à l'exception de ses saxophones, défectueux sous plus d'un rapport, s'est fait remarquer par des produits de formes gracieuses et correctes et d'un travail irréprochable. Son *clairon-écho* doit surtout être mentionné ; cet instrument est à deux tons, et la transposition se fait par la branche d'embouchure. Enfin, M. Besson surpasse tous ses confrères par ses beaux et remarquables produits; mais, quoiqu'il réside à Londres, ce fabricant, né en France et employant spécialement des ouvriers français, ne nous paraît pas devoir être considéré comme exposant anglais. Ses instruments sont tous montés de pistons à perce pleine pour lesquels il est breveté depuis 1855 ; nous avons principalement remarqué un cornet et un trombone à double registre avec transpositeur, des instruments ronds à pavillon tournant et des contre-basses se passant autour du corps. Tout cela est d'un travail parfait, et ce beau résultat est dû surtout à l'outillage spécial que M. Besson emploie dans ses ateliers.

Avant de passer à l'exposition française, on voudra bien nous permettre de faire une remarque que tout le monde, du reste, a faite comme nous. Les fabricants anglais ont été, au palais de Kensington, privilégiés d'une façon choquante sous le rapport de l'emplacement, et cela au détriment des facteurs étrangers. Parmi ces derniers, il n'y avait guère que MM. Sax et Gautrot qui fussent convenablement placés ; les autres n'occupaient, pour la plupart, que des emplacements où le peu d'espace les contraignait de n'exhiber que quelques échantillons de leur fabrication, et où le défaut de jour empêchait d'apprécier la juste valeur de leurs produits. Ainsi, pour trouver les facteurs français, il fallait les chercher fort longtemps, relégués qu'ils étaient derrière une exposition de vitraux, pendant que les exposants anglais avaient à leur disposition de belles et grandes montres vitrées de tous côtés. Nous avons été profondément surpris de ce manque d'équité et de convenances; il nous semblait que, dans un concours industriel, il ne devait exister aucune faveur, et que l'égalité des avantages en était la première condition.

Grâce à cette manière de procéder, si notre facture avait seulement égalé la facture anglaise, elle aurait évidemment paru inférieure. Heureusement que nos fabricants n'avaient aucune rivalité à craindre. L'exposition française se recommandait, en effet, par la variété et l'originalité de ses produits ; nous y avons constaté des innovations récentes et de nombreux perfectionnements. C'est une grande satisfaction pour nous de le dire, tous nos facteurs marchent de pair dans la fabrication ; l'ensemble de leurs travaux est irréprochable; et si quelque différence peut exister entre eux, ce n'est que dans le fini de l'instrument. Sans donner ici une appréciation particulière de chacun de leurs produits, ce qui nous entraînerait à des longueurs et à des redites, nous ne mentionnerons spécialement que les améliorations dignes d'être signalées au point de vue artistique ou industriel.

M. Adolphe Sax expose plusieurs familles d'instruments. Ses saxhorns et saxotrombes d'abord, puis ses clairons chromatiques, ensuite une série d'instruments à pavillon mobile et à *réflecteur* (sorte de couvercle s'adaptant au bord du pavillon) pour diriger les sons de différents côtés. Nous voyons aussi des instruments à pistons, avec addition de trois, quatre et cinq clefs, qui servent à faciliter l'exécution des trilles, et des saxophones, dont un plus haut que le soprano en *si* bémol. Enfin, ce qui nous a semblé offrir le plus d'intérêt, c'est un système à six pistons, tous indépendants les uns des autres, ce qui permet d'ajuster parfaitement l'instrument. C'est sur le trombone que M. Sax a fait l'application de ce nouveau système. Le piston, bien que fait dans un petit diamètre, a sa perce pleine et régulière, soit baissé, soit à sa position naturelle. Les instruments à percussion de cet inventeur sont également très-remarquables, et nous citerons surtout des timbales sans fût qui se composent d'un simple cercle de fer sur lequel la peau est tendue.

Les produits de M. Gautrot sont de formes très-variées et attestent une bonne fabrication ; nous remarquons dans le nombre : 1° des instruments munis de cylindres à rotation d'une exécution parfaite et qui peuvent défier longtemps la concurrence étrangère ; 2° des instruments à deux pavillons, de différentes proportions, montés de pistons ayant double jeu de coulisses, ainsi qu'un transpositeur à rotation ; 3° des hélicons, basses et contrebasses, d'une exécution parfaite et d'un travail bien compris ; 4° un nouveau système de pistons à perce pleine, avec assemblage du premier au troisième piston.

M. Alphonse Sax expose une famille de beaux instruments à quatre, cinq et six pistons ascendants et descendants; ces instruments portent le nom de *saxomnitoniques*.

M. Lecomte présente des instruments avec pistons à perce pleine et à colonne d'air biaisée. Ce fabricant est le seul des exposants français qui n'ait pas obtenu de récompense, et rien, selon nous, ne justifie cette exclusion. Quoique sa maison soit de création récente, il n'en a pas moins exposé des instruments qui figurent dignement parmi les produits français.

Mentionnons, pour finir, MM. Courtois, Labaye, Henri et Martin; leurs expositions ne nous présentent aucun perfectionnement bien réel, mais elles sont, malgré cela, remarquables, ne fût- ce qu'à titre de bonne exécution de travail. La facture lyonnaise n'était pas représentée, et nous ne pouvons que déplorer son abstention, ses fabricants ayant jusqu'alors marché de pair avec les maisons de Paris.

Après avoir terminé nos études sur les produits exposés au palais de Kensington, nous avons cru devoir profiter de notre séjour à Londres pour faire quelques visites dans les ateliers anglais, afin de nous assurer si leur outillage et leur mode de fabrication n'étaient pas préférables aux nôtres. En conséquence, nous nous sommes rendus dans diverses fabriques, où nous avons été parfaitement accueillis et où l'on s'est mis entièrement à notre disposition pour faciliter notre examen. Rien de nouveau ni d'inusité ne nous a frappés, et nous n'avons nullement trouvé nos voisins en progrès sur nous, si ce n'est pour le ponçage des instruments, qui s'exécute chez eux avec de la toile d'émeri, ce qui fait disparaître beaucoup plus aisément les imperfections du grattage. Disons en passant que la grande majorité des ouvriers est composée d'étrangers, et que chacun d'eux a sa façon particulière de travailler. Ajoutons aussi que la journée n'est que de dix heures, et que les salaires sont plus élevés que les nôtres.

CONCLUSIONS

Après les appréciations que nous venons de faire sur les produits des différentes nations qui ont exposé à Londres, et après avoir consciencieusement rendu compte de notre examen, nous pensons ne pouvoir mieux terminer ce rapport qu'en résumant nos idées sur l'état actuel de la fabrication française. Nous l'avons dit et nous le répétons, notre conviction est faite, et la supériorité de notre facture est bien établie sur toutes les fabrications rivales; mais ce n'est pas une raison pour se montrer trop satisfait de soi-même et s'engourdir dans une fâcheuse inertie. Nous faisons bien, c'est incontestable, mais ce beau résultat dû à notre intelligence industrielle doit nous pousser à tenter de mieux faire encore. Il est temps que la facture française atteigne enfin au degré de perfection que lui demandent depuis longtemps les artistes et les inventeurs, dont les conseils et les lumières ont déjà si puissamment contribué à son développement. L'Exposition de 1862 prouve, du reste, que nous ne sommes pas les seuls à penser ainsi ; nous y avons constaté plusieurs essais de modifications ou changements de doigté, obtenus, soit par l'adjonction de plusieurs pistons à l'instrument, soit pas l'emploi de transpositions disposées de différentes façons, mais visant sans cesse au même but, c'est-à-dire à une justesse que ne peuvent procurer les moyens ordinaires.

Notre peu de connaissances en musique ne nous permet pas

de nous prononcer entre tel système et tel autre; c'est pourquoi nous nous sommes bornés à mentionner les perfectionnements accomplis, sans y ajouter aucun commentaire; mais ce que nous pouvons dire, et cela au risque de froisser bien des susceptibilités, c'est que la fabrication française n'a presque rien fait depuis longues années pour sortir du chemin de la routine et des tâtonnements.

Le piston, cependant, une des spécialités de notre industrie, a principalement fixé l'attention de nos facteurs, qui ont cherché, par de nouvelles combinaisons, à lui donner la perce pleine, de façon que la colonne d'air du piston contînt, ainsi que les trous correspondant au tube additionnel, le volume d'air exigé par les proportions de l'instrument,

Toutefois, le piston fut aussi l'objet de nombreux changements qui, loin d'apporter des améliorations sérieuses et bien entendues, ne furent, pour la plupart, que d'inutiles prétextes à brevets. C'est ici que la facture fit fausse route. Chaque fabricant, dans un but puéril de spéculation et de vanité, voulut avoir son système particulier, sans s'inquiéter si ce système était bon ou mauvais. Les brevets de ce genre sont en quantité, et les choses en sont venues au point qu'un facteur ne peut aujourd'hui changer une disposition de piston sans craindre de se voir accusé de contrefaçon.

D'autres innovations que nous ne saurions louer davantage sont celles tentées dans le but unique de faire prévaloir le bon marché aux dépens de l'excellence de l'instrument. Tels sont, par exemple, les pistons à *perce droite*. En effet, comment comprendre ce singulier assemblage qui, pour amener une légère économie de main-d'œuvre, a justement choisi entre les trois pistons Périnet le plus défectueux de tous? Ces pistons sont malheureusement beaucoup employés, et nous en avons vu un grand nombre à l'Exposition. Hâtons-nous de dire, toutefois, qu'à côté d'eux, nous avons remarqué plusieurs systèmes ayant la *perce pleine*, et que ceux-ci sont sérieusement en progrès sur tout ce qui a été fait jusqu'à ce jour.

Mais quelque importance qu'ait le piston dans les instruments, on a le tort, selon nous, de s'en occuper trop spécialement, et de ne pas s'attacher assez à l'étude des proportions, lesquelles, devant être basées sur les lois de l'acoustique, laissent encore beaucoup à désirer. Dans presque tous les ateliers, pour ne pas dire dans tous, le facteur s'en préoccupe fort peu, et ne vise qu'à la forme et au coup d'œil. Le plus ordinairement, on ne donne à l'ouvrier pour construire un instrument que des tubes dont les proportions ne sont établies sur aucun principe de la science; c'est lui-même qui grossit ou diminue ces tubes selon son goût et pour la facilité de son travail. Disons enfin qu,e quels que soient les soins et les précautions qu'on puisse prendre, il est impossible, avec le mode actuel de fabrication, d'établir deux instruments identiquement pareils sous le rapport des proportions.

Le véritable progrès serait, selon nous, dans la perfection de l'outillage, et c'est justement ce qu'on néglige le plus. Dans la presque totalité des ateliers, on se sert des mêmes procédés qu'on employait il y a trente ans. Les fabricants semblent avoir reculé jusqu'ici devant les frais que nécessiterait l'achat du matériel indispensable à une nouvelle organisation. Ces frais sont sans doute considérables, mais ils seraient largement couverts par les bons résultats qu'on en obtiendrait.

M. Besson est peut-être le seul qui soit entré franchement dans cette voie d'améliorations, et les facteurs anglais, qui ne reculent devant aucun sacrifice, ne manqueront pas d'établir leur matériel sur le même modèle que le sien; il leur suffira alors d'attirer à eux quelques-uns de nos meilleurs ouvriers pour nous égaler, et même nous surpasser, et c'est même ce que plusieurs d'entre eux tentent de faire en ce moment. Il est donc temps que les fabricants français sortent de la routine dans laquelle ils ont trop erré jusqu'à présent, s'ils ne veulent pas se voir devancer par nos voisins d'outre-Manche. Ce qu'il importe, c'est que la France garde le premier rang et que nos produits soient toujours les mieux estimés. Or, nous le répétons, le seul moyen d'arriver à ce but, c'est de perfectionner l'outillage et de l'établir sur les principes de l'acoustique, qui sont la base fondamentale de la facture.

Il est trop évident, d'après ce qui précède, que si la dernière exposition a proclamé de nouveau la supériorité des produits français, cette supériorité est due en partie à l'intelligence de l'ouvrier qui, avec le même outillage, a trouvé moyen de faire mieux et plus vite. Que serait-ce donc si on lui venait en aide, et qu'on secondât ses efforts et sa bonne volonté !

Mais, loin de l'encourager à marcher dans cette voie utile, les conséquences qui en résultent n'ont d'autre effet que de le rebuter. Les fabricants, ayant constamment en vue de produire à bon marché, profitent des progrès accomplis dans la main-d'œuvre pour réduire les prix de façons. Aussi n'est-il pas étonnant de voir les ouvriers accueillir si froidement les procédés mécaniques, dans la crainte qu'ils ne leur soient préjudiciables. Combien d'idées ont été perdues par ce seul motif, et que de fois les ouvriers ont gardé pour eux des simplifications et des perfectionnements qui, appliqués sur une grande échelle, auraient fait faire un pas immense à la fabrication !

La question importante est donc de lier les intérêts de l'artisan à ceux de son industrie, en le faisant profiter des améliorations qu'il y a introduites. De cette façon, on mettra son intelligence et son savoir à profit, et il ne craindra plus d'indiquer les progrès qui lui sont suggérés par la pratique. Le peu d'entente qui existe en France entre les patrons et les ouvriers, et l'éloignement qui s'ensuit, sont aussi nuisibles pour les uns que pour les autres. Le droit de réunion, tel qu'il existe en Angleterre, et la création de chambres syndicales, amèneraient évidemment une fusion si désirable à tous égards. Les ouvriers et leurs patrons pourraient discuter librement et s'entendre sur leurs intérêts ; bien des crises seraient ainsi évitées, et l'on parviendrait à opposer un frein aux concurrences désastreuses qui sont la plaie de notre industrie.

Les délégués pour les les instruments de musique
en cuivre,

GUILMET.

DUPONT.

ASPIRATIONS SOCIALES

DES FACTEURS D'INSTRUMENTS (CUIVRE ET BOIS)

Les deux factures des instruments à vent en *cuivre* et en *bois*, quoique différant beaucoup l'une de l'autre dans certains détails, se rattachent entre elles par toutes les questions générales, et ne forment, à plusieurs points de vue, qu'un seul et même corps. La meilleure preuve en est dans la fusion qu'opèrent si souvent les deux genres, et nous voyons, en effet, plusieurs maisons de Paris, de Londres et d'autres villes fabriquer indifféremment les instruments en bois et en métal. On comprend que, dans cet ordre de choses, les mêmes abus ont des conséquences égales pour chacune des deux industries, et qu'elles doivent confondre leurs voix pour exposer leurs besoins sociaux et réclamer collectivement des améliorations qui leur semblent aussi justes qu'utiles.

Une chose qui nous frappe tout d'abord, et que nous ne saurions passer sous silence, c'est la triste coïncidence de faits qui ne cessent de s'opposer en France à l'aisance et au bien-être de l'ouvrier. Ainsi, tandis que, d'un côté, les prix des loyers, des denrées alimentaires et généralement de tous les objets de première nécessité suivent une voie progressive et tendent sans cesse à l'augmentation, la concurrence que se font entre eux les fabricants retombe fatalement sur le travailleur et lui enlève chaque jour une portion de son salaire. Il en résulte que l'ouvrier se trouve, la plupart du temps, dans un état de complet découragement, qu'il ne ressent aucune émulation dans son labeur, et qu'il travaille plutôt comme une machine que comme un être intelligent. Disons qu'en outre de l'insuffisance du salaire, les journées sont trop longues d'une heure au moins, et que l'ouvrier, au sortir de son atelier, n'a plus le temps de suivre aucun cours public, ni d'acquérir aucune instruction par lui-même, pressé qu'il est de prendre un repos que motivent et au delà les fatigues de la journée et la nécessité de se trouver dispos pour les labeurs du lendemain. Nous l'avons dit déjà, mais nous ne saurions trop le répéter, il serait temps que les intérêts de l'ouvrier se ressentissent des progrès de son industrie, et l'engageassent conséquemment à y contribuer de toute son expérience et de toutes ses facultés intellectuelles. Il serait temps également que, par des institutions sages et largement conçues, on mît désormais le travailleur à l'abri de toute inquiétude, en le garantissant contre les effets des concurrences funestes, des chômages prolongés, des maladies et de la vieillesse.

La position sociale de l'ouvrier anglais est infiniment préférable à la nôtre. A la vérité, nous n'avons pu juger de cette position pour notre industrie même. Les *Sociétés corporatives* et *de secours mutuels* n'existent pas en Angleterre en ce qui concerne notre partie, par la raison que la grande majorité des facteurs se compose d'étrangers, et que les ouvriers anglais ne figurent que pour un quart dans le nombre; mais nous avons pris des informations auprès de personnes compétentes et bien renseignées, et nous avons pu ainsi nous rendre un compte assez exact des conditions du prolétariat anglais. Disons, avant tout, que les salaires sont plus élevés que les nôtres, et que la journée n'est que de dix heures, ce qui en augmente encore l'évaluation. Cette supériorité du salaire est déjà pour beaucoup dans le bien-être de nos voisins, car, quoi qu'on en dise, il est certain que la vie en famille, à Londres, n'est pas plus chère qu'à Paris. En outre de ces premiers avantages, il en est encore d'autres fondés sur les bases les plus larges de la prévoyance et de la solidarité; nous voulons parler des Sociétés corporatives. Ces Sociétés sont établies de plein droit et autorisées par le gouvernement, ce qui manque à la France, où les réunions d'ouvriers sont toujours illégales et taxées de coalitions. Le système des secours mutuels y est en pleine vigueur, et le travailleur y rencontre de sérieuses garanties pour le présent comme pour l'avenir. Il y trouve, en outre, un grand soutien dans le cas d'une réduction de salaire non motivée. La délibération y est alors librement ouverte, et les corporations y peuvent prendre les décisions qu'elles jugent convenables à la défense et à la sauvegarde de leurs intérêts. Ces Sociétés toutes spéciales, ayant chacune son exitence propre et individuelle, sont, pour ainsi dire, autant de membres d'un corps immense. Elles forment, à elles toutes, la grande corporation ouvrière anglaise, et, au premier appel, se donnent réciproquement aide, secours et protection.

A côté de la question de bien-être se présente, dans notre partie surtout, celle non moins grave de l'instruction artistique dans son application à l'industrie. Nous avons démontré plus haut qu'il était impossible à l'ouvrier français d'acquérir quelque savoir, parce que les alternatives de travail et de repos ne lui laissent aucun répit qu'il puisse utilement employer. Ajoutons que, eût-il le temps d'apprendre, l'enseignement lui ferait défaut et que rien ne viendrait au secours de sa bonne volonté pour le tirer de l'ignorance qui l'accable trop souvent. Ne pourrait-on pas ouvrir pour nous, par exemple, des écoles de musique vocale et instrumentale, instrumentale surtout, où le travailleur puiserait un large aperçu des conditions artistiques indispensables à l'excellence d'un instrument? L'ouvrier ne sortirait-il pas de ces cours, sinon plus habile, du moins plus savant et mieux inspiré pour son travail? Ces études ne développeraient-elles pas en lui bien des aptitudes naturelles et instinctives? Ne lui indiqueraient-elles pas la vraie route à suivre? Ne lui donneraient-elles pas, enfin, des bases solides sur lesquelles il pourrait s'appuyer pour raisonner son œuvre dans tous ses détails? L'évidence des choses dispense de répondre à toutes ces questions. Il est certain que ces écoles seraient la pépinière des bons ouvriers. On verrait ainsi disparaître cette grande ligne de démarcation qui sépare les facteurs des artistes; l'ouvrier comprendrait mieux les exigences motivées de ces derniers, il n'en serait pas impatienté, comme cela arrive journellement, et prendrait de lui-même tous les petits soins, toutes les attentions minutieuses qui lui seraient recommandées et dont il apprécierait d'avance la valeur. La grande utilité d'une semblable institution se ferait surtout vivement sentir chez les apprentis, car, plus l'homme est jeune, plus il est apte à s'imprégner de science, et il serait alors urgent que les patrons accordassent aux enfants quelques heures dans la soirée, afin que ceux-ci pussent se rendre au cours et recueillir les premiers éléments de l'art.

Puisque le sujet qui nous occupe nous a entraînés à parler des apprentis, qu'on nous permette d'en dire quelques mots de plus. Nous nous garderons bien de vouloir traiter à fond une question aussi grave et aussi intéressante; nous insisterons seulement pour qu'on suive dans notre pays l'exemple qui nous est donné par l'Angleterre. A Londres, un industriel ne peut généralement prendre d'apprentis que lorsqu'il en démontre la nécessité, eu égard au nombre d'ouvriers qu'il occupe. Il se fait, de plus, un contrat très-sérieux entre le patron et les parents, et ce contrat est rigoureusement observé de part et d'autre. De cette façon, l'apprentissage a lieu dans les meilleures conditions; l'enfant n'est nullement sacrifié, comme chez nous, à des spécialités qui ne lui enseignent pour ainsi dire rien ; il est, au contraire, initié peu à peu, et d'une manière intelligente, à toutes les branches du métier qu'on lui a choisi. Il s'ensuit que, lorsqu'il a accompli le temps convenu, il est à l'état d'ouvrier parfait. Ajoutons que le patron trouve aussi son compte dans les coutumes anglaises et qu'un jeune homme ne peut entrer dans aucun atelier s'il n'est muni d'un certificat du maître constatant que son apprentissage est bien et dûment terminé.

Nous avons déjà parlé de l'insuffisance du matériel et de l'outillage dans nos fabriques, et nous avons avancé qu'il n'y aurait aucun progrès grand et durable tant qu'on ne tenterait pas à leur sujet une réforme radicale. Notre opinion sur ce point demanderait trop d'espace pour être développée d'une façon intelligible et satisfaisante, et il faudrait entrer dans bien des détails, amonceler bien des preuves avant d'être compris de tout le monde. Nous préférons nous abstenir d'aller plus loin; notre intention n'a été que d'effleurer la question, car, dans les étroites limites qui nous étaient données, c'eût été folie de prétendre battre en brèche toute l'obstination des vieilles routines. C'est donc spécialement aux hommes d'expérience et de bonne volonté que nous nous adressons, espérant qu'ils prendront note de nos avis et qu'ils en sauront tirer profit pour l'avenir.

Passons maintenant au chapitre de la concurrence mal comprise et effrénée qui déconsidère notre partie comme tant d'autres, et voyons les résultats déplorables qui en sont la conséquence, soit sous le rapport purement industriel, soit sous le rapport humanitaire et social.

Produire bon et à bon marché, voilà le progrès; mais tendre exclusivement au bas prix, sans se préoccuper de la qualité du travail, et en faisant consister les diminutions dans la baisse des salaires du producteur, c'est entrer dans la mauvaise voie, dans la voie fausse et dangereuse. Il ne faut pourtant pas nous dissimuler que nous en sommes arrivés là, tandis que nous devrions y être moins que toute industrie. En effet, nous avons suffisamment démontré que, dans notre partie, la question d'art se trouve étroitement unie à celle de fabrication; à ce titre, la facture semblait donc devoir résister au torrent de la concurrence et viser, avant tout, à donner au commerce de beaux et bons instruments, dût-elle les faire payer plus cher. Il n'en est rien, toutefois; notre métier à suivi l'impulsion donnée par la plus grande partie des industriels de notre époque. A part quelques rares exceptions, les fabricants se sont attachés à mettre en vente des articles d'un bas prix fabuleux, et l'on a vu des patrons préférer l'ouvrier qui produit beaucoup à celui qui produit d'une façon irréprochable. La pacotille est à l'ordre du jour, on fait les instruments par grosses, et l'on se soucie fort peu que ces instruments répondent, oui ou non, aux besoins artistiques, qui sont pourtant leur seule raison d'être. Le grand point est de donner meilleur marché que son voisin, de lui enlever sa clientèle et d'accaparer ainsi toutes les commandes. C'est ce genre de spéculation qui a déjà fait ouvrir en province des ateliers considérables où, par une grande subdivision du travail, on est parvenu à occuper des ouvriers totalement étrangers à la partie, à les payer par conséquent fort peu, et à obtenir ainsi des produits d'un prix de revient évidemment très-bas, mais encore trop élevé par rapport à leur valeur réelle. Cette manière de procéder, toute naturelle qu'elle semble à certains esprits, n'en est pas moins incompatible avec tout les principes sérieux de notre métier. La division du travail nuit déplorablement à son ensemble. Toutes ces spécialités n'ont pas de liens entre elles; elles marchent isolément sans avoir de but, et quand toutes les pièces sont assemblées, lorsque l'instrument est terminé, on s'aperçoit qu'il n'a aucune homogénéité et, partant, ni justesse ni son. C'est le renversement complet de toutes les données artistiques et industrielles; pour qu'un instrument ait quelque valeur, il faut, au contraire, qu'il passe dans peu de mains. Nous en prenons à témoin les artistes qui ont fréquenté les ateliers; ils diront quels soins et quelles attentions exige la fabrication d'un bon instrument, et si ce travail peut être accompli par d'autres que par des ouvriers, non-seulement intelligents, mais encore rompus au métier et en connaissant toute la science et toutes les ressources.

Le désir de vendre à tout prix et quand même a entraîné un autre abus que nous devons signaler; il s'agit des remises extravagantes que certains fabricants font aux intermédiaires qui leur procurent des commandes. Ces remises, dont le chiffre est quelquefois hors de toutes proportions avec les prix de vente, rabaissent singulièrement le prix de l'instrument. Nous le demandons, est-ce par de tels moyens qu'il est permis de briguer les préférences, et l'importance de la prime est-elle pour quelque chose dans la valeur du produit?... Les marchands de province, et même ceux de Paris, également alléchés par le bon marché, accourent dans les grandes manufactures et achètent des instruments à des prix minimes qu'ils revendent ensuite fort cher. Il en résulte que l'élève ou l'amateur qui fait une acquisition tombe rarement sur un instrument passable, et se dégoûte souvent de pratiquer un art que la mauvaise fabrication lui rend si difficile et si onéreux.

On voit quelles sont les conséquences d'un pareil état de choses au point de vue industriel. Si pénibles qu'elles soient, ce ne sont pourtant pas les seules que l'on ait à constater. Les fabricants, en procédant ainsi, ne font pas tort qu'à eux-mêmes; l'avidité est le grand mobile de la concurrence extrême qu'ils ont ouverte; il faut donc, par tous les moyens, qu'ils réalisent le problème de vendre à très-bon compte, tout en faisant néanmoins de beaux bénéfices. Qui donc supporte le poids de tout ce conflit? L'ouvrier, qui n'y est cependant pour rien. C'est sur sa part qu'on prélève toutes les autres. C'est en réduisant son salaire que son patron soutient la concurrence, offre de fortes primes aux intermédiaires et assure de gros gains aux débitants. Et cependant il est le plus faible de tous et demanderait le plus à être ménagé; il a presque toujours des charges accablantes, quelquefois une nombreuse famille, et ses moyens d'existence ne consistent absolument que dans le produit de son travail. N'est-il pas souverainement injuste qu'il soit la victime d'une concurrence qui lui est étrangère et dont tous les profits passent dans d'autres mains que les siennes?

Non! ce n'est pas là du progrès! Le progrès ne réside pas dans un égarement si inexplicable, dans une aussi absurde aberration; le progrès n'est éclatant et véritable qu'autant qu'il répand autour de lui du bien-être et des soulagements parmi ceux qui coopèrent à son accomplissement; or, rien de semblable ici. Nous sommes loin d'accuser de ce désordre la classe tout entière des fabricants; nous savons qu'il en existe bon nombre qui déplorent comme nous une telle concurrence et plaignent sincèrement l'état précaire du travailleur. Ces honorables industriels ne suivent donc que bien malgré eux la marche des choses, et par la seule raison qu'ils ne peuvent vendre au-dessus des prix de leurs confrères; ils ont, au contraire, protesté cent fois contre la mauvaise direction que prenait la facture actuelle, mais leur voix n'a pas été entendue et ne pouvait guère l'être, tant sont violentes et sourdes nos rivalités commerciales. Ce n'est donc plus dans l'opposition de quelques hommes sensés et généreux qu'on doit chercher désormais un frein aux désastres de la concurrence, leur dévouement serait impuissant à en détourner le cours. Aux grands fléaux, il faut des antidotes énergiques, et nous sommes persuadés qu'il n'en existe que dans la fondation d'institutions nouvelles basées sur l'équité, l'expérience et la solidarité industrielle.

C'est par la création de CHAMBRES SYNDICALES OU CORPORATIVES qu'on peut, selon nous, tenter la grande réforme que nous indiquons. Ces chambres devraient être composées d'un nombre déterminé de membres, parmi lesquels les patrons et les ouvriers se trouveraient en quantité égale. Elles seraient essentiellement délibératives et appelées à se prononcer sur les différends qui s'élèveraient dans leur industrie respective. Le prix de main-d'œuvre s'y verrait librement discuté, et, une fois les tarifs établis, ils ne pourraient être modifiés que d'un commun accord. La concurrence, jusqu'ici indomptable, se briserait alors d'elle-même, lorsqu'elle compromettrait la vitalité de la corporation en froissant les intérêts de ses membres; les chambres syndicales seraient enfin munies d'une autorité suprême sur toutes les questions de métier, leurs délibérations seraient enregistrées et les décisions qu'elles prononceraient auraient force de loi. Nous sommes personnellement convaincus que par ce moyen on parviendrait à concilier les intérêts de tous, à pourvoir à tous les besoins et à éteindre tant de fâcheuses et aveugles rivalités, qui n'aboutissent qu'à la décadence de toute industrie, à la ruine des patrons et à la détresse du travailleur.

Les délégués pour les instruments de musique à vent (cuivre et bois) :

GUILMET, rue des Tournelles, 20 ;

DUPONT, chez M. Distin et Cie, Newport-Great, à Londres :

LEROUX, rue Saint-Martin, 314 ;

GRAVIER, rue des Entrepreneurs, 4 (Grenelle).

NOTA. Nous venons d'apprendre que les fabricants d'instruments en cuivre et en bois, d'orgues et pianos ont constitué, ces jours derniers, une chambre syndicale d'où, bien entendu, les ouvriers sont exclus. Nous profitons de cette occasion pour faire un appel à tous les ouvriers de notre partie, afin de créer *immédia-tement* la chambre syndicale ouvrière.

C'est en vertu des grands principes de 89, inscrits en tête de la constitution actuelle, qui fait de tous les citoyens des hommes égaux devant la loi, que nous croyons avoir les mêmes droits que nos patrons.

Nous espérons aussi que, grâce à l'initiative du chef de l'Etat, le projet de loi sur les coalitions dont se trouve saisi en ce moment le conseil d'Etat, viendra dissiper nos craintes et aplanir les difficultés que nous avons pu rencontrer jusqu'à ce jour.

Ne perdons pas un seul instant pour nous consti-tuer ; et, quelles que soient les difficultés que nous pourrions trouver devant nous, ne nous découra-geons pas, car vouloir c'est pouvoir.

SOUSCRIPTEURS AUX RAPPORTS DES DÉLÉGUÉS

CUIVRE ET BOIS

Atelier de M. Adolphe Sax, rue St-Georges, 50.

MM. Gez, 4 ex., Bartsch, Paul Feuillet, Auguste Feuillet, 17 ex., Bouvet, Gérard, Ledran, 2 ex., Juint aîné, Juint jeune, Déprez, Courtois, Lalemand, Renaud, Rageau, Doyen, Ruffin, Herouard, Perrin, Derory, Verout, Lemaire, Parmentier, Souillard, Pont, Puthon, Lauvain, Auguste Feuillet fils, Bresson, Marty, Vancoppenolle, Moren, Fonclause, 2 ex., Micollier, Guillmont, Pisson, Roche fils, Auvrat, Chauvin, Maitre, A. Thierry, Husson, Farneau. Total : 65 ex.

Atelier de M. Gautrot aîné, 60, rue St-Louis.

MM. Gandilhon, Guéret, Bauché, Jules Briquet, Mellon, Victor Rousseau, Gouvignon, Carmant, Perrier, Richard, Dégrey, Quesnel, Godelle, Hanciau, Jubert, Laborde, Hamelin, Bahin, Neudin, Delcossant, Alexandre Quillon, Fraignaud, C. Daniel, Adrien, Ernest Rousseau, Guillaumain, Grevin, Chouvy, Leconte, Fauvel, Lecoq, Druez, Gairard, Petron, Hattelin, Léon Crédot, Truffaut, Grenot, Lagarde, Edouard, Mansuy, Couvreur, Sergent, Royant, Jacob, Demaret, Charmantier, Noël, Carpentier, Thiébault, Deflenelle, Alphonse, Lepoittevin, Désir, Aubron, Coupey, Beillon, Chapelet, Girod, Rouzé, Quentin, Mathieu, Cormon. Total : 63.

Atelier de M. Thibouville, rue de l'Hôpital-St-Louis.

MM. Canard, Morel, Bertin, Battiez, Valentin Rousseau, Billault, Dénoyer, Henry, Cousin, Doussain, Lelarge, Bailly, Carrion, Perrier,

— 52 —

Rocheteau, Baudaire, Tkint, Dujarriez, Courtois, Emile, Bidet, Rageau. Total : 22.

Atelier de M. Lecomte et Cie, rue Saint-Gilles, 12.

MM. Louis Rousseau, Rousseau jeune, Galland, Berthelot, Wilhelm, Grébert, Séminel, Mourin, Lallement, Valet, Hulin, Depret, Sarriot, Ballay, Berger, H. Houzé, 2 ex., Lemaire, E. Gaubert, Henaipe, Ch. Gaubert. Total : 20.

Atelier de M. Courtois, rue des Marais, 88.

MM. Émile Courtois, Lefort, Labille, Mansais, Léon Bidet, Masset, Mille, Sauer, Aze, Jeanjuin, Ladislas Prevot, Tironneau. Total : 12.

Atelier de MM. Henry et Martin, rue de Rivoli, 73.

MM. Julien Briquet, Lefèvre, Jassinet, Maitrejean, Wilhelme, Galliand, Dubus, Bonnange, Sarriot, Henry, Martin. Total : 11.

Atelier de M. Labbaye, rue du Caire, 33.

MM. Labbaye, Achard, Victor Laignel, Danglard, Lacombe, Renaudies, Ruffin, Legrand, Bougin, Paul Bordeau, Thomas Martino. Total : 11.

Atelier de M. Alphonse Sax.

MM. Alphonse Sax, Auguste Bourdon, Siméon Hagard, Léon Boucard, Hippolyte Richard, Jean Thint, Charles Emmanuel, Jean. Total : 8.

Atelier de M. Druelle, Faub.-St-Martin.

MM. Brunet, E. Forrest, Guenée, Raydit, Chevallier, Quinard, Brauchet. Total : 7.

Atelier de M. Marzoli, rue Lamartine, 9.

MM. Marzoli, Belleki, Gatelais, Alphonse, Gaulier, Thevenot, Grumavald. Total : 7.

Atelier de M. Triebert, rue St-Jacques, 11.

MM. Triebert, E. Hamot, Passager, Deschamps, Paris, Aoulbert, François Eugène. Total : 7.

Atelier de M. Deschamps-Buffet, à Mantes-la-Ville (Seine-et-Oise).

MM. Deschamps Buffet, Nicolas, Alexandre, Cléophas, Normand, Gonord. Total : 6.

Atelier de M. Chambille, rue des Martyrs, 27.

MM. Chambille, Nonon, Bausson, 2 ex. Total : 4.

Atelier de M. Belorgey, Faub.-St-Martin, 83.

MM. Belorgey, Jean Doizié, Graviez, Brustlé. Total : 4.

Atelier de M. Leroux aîné, rue St-Martin, 314.

MM. Leroux aîné, F. Leroux, G. Leroux, Renaud. Total : 4.

Atelier de MM. Minderhaut et Galimard, rue Pierre-Levée, 18.

MM. Minderhaut, 2 ex., Galimard, 2 ex., J. Thierry, E. François. Total : 6.

Atelier de M. Millereau, passage Chausson.

MM. Millereau, Thierry, Lagarde. Total : 3.

— 53 —

Atelier de M. Buffet jeune, rue Sartine. .
MM. Buffet jeune, Cocquelet. Total : 2.

Atelier de M. Halary, rue des Poitevins.
MM. Hardy, Rirot, 2 ex. Total : 3.

Atelier de M. Bayré, rue Legrand, 17.
MM. Bayré, B. Leroux. Total : 2.

Souscripteurs divers.

MM. Petex-Moffat, rue des Bassins, 23; Ecœuille, Errard, Chassinat, Ladois, Derory, à Mourmelon (camp de Châlons); E. Delacour, rue Mazarine, 44; Prestreau, quai de l'Ecole, 6; Michaud, rue de Sartine, 5; Lot, rue Montmartre, 36; Breton, rue J.-J.-Rousseau, 28; Thibouville aîné, rue des Vieux-Augustins, 69; Buffet-Crampon, passage du Grand-Cerf, 22; Edouard Leroux, rue Beaurepaire, 21; Alphonse Bie, rue Rambuteau, 23; Dolain, rue Quincampoix, 79; Robert Leroux, rue Beaubourg, 28; Crubillier, rue des Brouillards, 5; Jules Lorée, rue Montmartre, 55; Kloze, professeur au Conservatoire impérial de musique; Lavigne, premier hautbois, rue de Ponthieu, 23 ; Lavigne, artiste, rue de Ponthieu, 23.

Atelier de Londres.

Atelier de M. Distin et Cie, 9 et 10, Newport-Great.
MM. Distin, 6 ex., A. Leforestier, Victor Rockaert, Derkindereu, Kurutz, J. Keats, S. Nice, L. Gardet, A. Wolf, A. Magnien, Léopol Buttens, Bloomfield, Lardeaux, Trauti Smid.

Atelier de M. Besson, 198, Luston road, à Londres.
MM. Besson, 5 ex., Meunier, Holin, Holin fils, Mothé, Maurice, Lécuyer, Prébaux, Demaret, 2 ex., Gouppy, Bloudelle, Barnes, Macquet, Blondeau.

ORGUES ET PIANOS

Atelier de M. Pleyel, rue Rochechouart, 22.
MM. Damin, E. Pinot, Denisot, Dankert, Bulliard, Luger, Godard Bœuf, Troendle fils, Servet, Bouquet, Dousset, Lheureux, Chalat, d'Haïne, Becher, Bureau, Tardif, Keller, Prétot, Stockhausen, Thuillier, Pelletier, Dellay, Duret, Sallé, Praurer, Edouard, Langlet, Tetaz fils, Pascal, Lacan, Levet.

Atelier de M. Debain, place Lafayette.
MM. Lelièvre, Arnould, Bernard Soliwab, Cochoneau, E. Izambert, Virot, Brission, Ganglaff, Servet, Massenot, Beliard, Ouartelle, Léon Guérin, Edouy, Micrin, G. Bull, Marin, Suemout, Mazure, Buguelin, Levasseur, Blanchard, S. Benoît, Coche, Millot, Barthélemy, Berland, Gayte, Mercier, André, Lerluc, Douchin.

Atelier de M. Erard.

MM. C. Heinbach, A. Heinbach, Aboud, A. Chassac, Houpemaine, Ribinel, Regnier, Barois, Battis, Auguste Dufour, Becker, Taillant, Vibert, Bader, Bara, Bailly, L'huillier, Dutrich, Spranger, Doucet, Delecour, Thomas, Tapin, Allinger, Serwy, Cordelier, Dorne, Audibert. Bonnardel.

Atelier de M. Kutt, rue des Vinaigriers, 42.

MM. Charles Flacelière, L. Thetan, T. Villems, M. Berbier, E. Poulet, A. Eudeline, J. Dorr, E. Stevenot, V. Vincent, P. Deltelle, L. Gillei, Klein, 2 ex., Befort, Bouvier, Kutt, Geimer, Barré, Steiger, J. Zell.

Atelier de M. de Rohden, rue St-Maur.

MM. Cyle, Pevinel, Jeanpierre, Genet, Crouzade, Lapuchin, Wallor, C. Schneider, Doublet, Chanot, Guillemet, Fouquet, Picant, Kessel fil, Dauphin, Marchand, Dautreppe, Octave Lachy, Denis L'huillier, Agnevay, Strassburg fils, Deck, F. Noeberechts, Jumel, Noeberechts, Guillemet, Deleroix, Hublart, Sietried, C. de Rohden.

Atelier de M. Knep jeune, faubourg du Temple, 45.

MM. L. Knep, Vegreux, Courtin, Senard, Knep jeune, Bauchart, Dupont père, Sandrine, Grainevale, Raoul, Lambiot, Boffy, Armand, Arsène, Gilbert.

Atelier de M. Rodolphe,

MM. Grimal, Rebourg, Thuault, Gamichon, Millet, Boudeaux, Jouffroy, Loidreau, Rouxel, Sauvage, Bib, H. Titeux.

Atelier de M. Montal, rue Albouy, 11.

MM. Riffel aîné, Lesage, Léopold, Hubon, Menager, Gohier, Bordier, Viville, Lemaitre, Ramelot, Hely.

Atelier de M. Gaveau.

MM. Vigé, Georges Siegrist, Hutinet, Josset, Terris, Lamar, Dutarte, Coutillac, Lafontaine.

Atelier de M. Beaucerf.

MM. Dauville, Gilbert, Ivot, Erdreuch, Texier, Forel, Beaucerf.

Atelier de M. Hemerdin.

MM. Bineau, Ablin, Gault, E. Petit, Bonnard, Hemerdin, Lacoux.

Atelier de MM. Herzeneuven et Cie, rue des Poissonniers, 20.

MM. Henri Philippe, L. Vivier, Burdin, Ch. Knust fils, Salaün, Legrand, Beaugeard.

Atelier de M. Aucher.

MM. Focké, Dorillat, Bonneroy, Fransoureau, Mery, Bocquart.

Atelier de M. Dardelle, Cour de Bretagne.

MM. Roy, Samson, Mondé, Gehering, Bouteville.

Atelier de M. Baudet.

MM. Ch. Roussel, Chambaud, Gesland, Baudet.

Atelier de M. Herze et Miné, rue des Fossés-du-Temple, 36.

M. Bonnaure.

Atelier de M. Soufleto.

MM. Desplanques, A. Carron.

Atelier de M. Cavioli, rue d'Aligre, 14.

MM. Cavioli, 4 ex., Renaldy fils.

PARIS. — IMPRIMERIE POUPART-DAVYL ET COMP., 30, RUE DU BAC.

1567. — Paris. — Imp. POUPART-DAVYL et Comp., rue du Bac, 30.